SAGGISTICA PAOLINE

58

VINCENZO BERTOLONE

LA SAPIENZA DEL SORRISO

Il martirio di don Giuseppe Puglisi

Presentazione di
PAOLO ROMEO
Arcivescovo di Palermo

Postfazione di
NINO BARRACO

Paoline

PAOLINE Editoriale Libri

Via Francesco Albani, 21 - 20149 Milano
www.paoline.it
edlibri.mi@paoline.it
Distribuzione: Diffusione San Paolo s.r.l.
Corso Regina Margherita, 2 - 10153 Torino

A tutti gli uomini coraggiosi
che lottano per un ideale

Presentazione

Nel dono di un nuovo martire, come lo è don Giuseppe Puglisi, avverto la benevolenza di un Dio che non si stanca di proporre e riproporre incarnata quella Parola del Vangelo che salva e indica all'uomo la strada della vera umanità, garantendogli la dignità e aprendogli un futuro di libertà autentica.

Dio non abbandona l'uomo e continua a bussare al suo cuore. Per questo ci esorta sant'Ambrogio: «Sia aperta a colui che viene la tua porta, apri la tua anima, allarga il seno della tua mente perché il tuo spirito goda le ricchezze della semplicità, i tesori della pace, la soavità della grazia».

Ora, mi pare che i tratti di questo suo provvidenziale «bussare» si rendono spesso visibili nei santi, uomini e donne che, nel cammino di sequela autentica di Cristo, con la loro vita terrena e con la loro celeste intercessione, continuano a farsi compagni di cammino di altri uomini loro fratelli, e li nutrono con un esempio da ripresentare nel quotidiano.

La comunità ecclesiale di Palermo e l'intera Città hanno sperimentato tutta la ricchezza di questo «bussare» di Dio attraverso don Pino e hanno fortemente desiderato che il suo accompagnamento, testimoniato nella sua azione ministeriale esercitata in vari ambiti pastorali, secondo le indicazioni del Vescovo, continuasse a essere visibile anche dopo la morte, in modo da emergere con vivezza soprattutto di fronte ai confratelli presbiteri, ai giovani e alle famiglie, a quanti – a vario titolo – si mettono ogni giorno in ascolto dei bisogni di un territorio martoriato e fiaccato anche dalle pestilenziali forme di mafia e mafiosità.

Nel luglio 1986, nella cornice ormai solita di un campo vocazionale estivo, don Pino, allora direttore del Centro diocesano vocazioni, si rivolgeva ai suoi giovani in una catechesi sulle scelte della vita: «Gesù dice: Se il chicco di frumento non cade nella terra e non marcisce rimane solo (cfr. Gv 12,24), cioè non dà frutto; se invece cade nel terreno e là marcisce diventa una spiga che dà frutto. [...] Gesù ha portato molto frutto quando è morto. Morendo sulla croce, e risorgendo, ha dato come frutto la rigenerazione dell'umanità, quindi ecco la logica della scelta che diventa una logica d'impegno ma anche, qualche volta, di sacrificio che però dà vera gioia». E concludeva: «Chi vuol crescere deve accogliere la logica del chicco di frumento».

Il chicco di frumento caduto in terra non è rimasto solo, anzi ha portato molto frutto. La Chiesa di Palermo ha inteso ricevere sin da subito l'eredità di don Pino e si è continuamente adoperata per tenerne viva una memoria che fosse sprone a continuare la sua opera instancabile di missionario del Vangelo e formatore di coscienze, soprattutto fra i giovani e le famiglie. Così, nel corso di questi quasi vent'anni dalla sua sacrilega uccisione, mentre è cresciuta la sua fama di santità, si sono moltiplicati anche gli sforzi perché giungesse a felice conclusione la causa della sua beatificazione.

La fede che ci fa corpo mistico di Cristo, ci aiuta a vedere in ogni cosa una fine pedagogia di Dio. Nella sua incessante preghiera perché don Pino venisse elevato agli onori degli altari, la Chiesa di Palermo ha sperimentato quella che sant'Agostino chiama la «ginnastica del desiderio»: l'allenamento a desiderare nel chiedere ci dispone a meglio ricevere quanto chiediamo.

Nell'ottobre 2010, la visita pastorale a Palermo del successore di Pietro, il Santo Padre Benedetto XVI, ha confermato il comune sentire dell'Arcidiocesi. Le illuminate parole che egli ci ha rivolto in quella straordinaria giornata, in tutte e tre le occasioni di incontro con i fedeli, sono state di eccezionale chiarezza.

Nella celebrazione eucaristica al Foro Italico Umberto I, il Papa ha citato don Pino in continuità con tutte le figure di santità fiorite nel corso dei secoli in terra di Sicilia, che sono state capaci «di portare la forza dirompente del Vangelo». Ai giovani radunati in piazza Politeama, lo ha indicato fra i sacerdoti che per le nuove generazioni sono «padri e fratelli nella fede».

Ma soprattutto in una Cattedrale gremita di sacerdoti, religiosi, religiose e seminaristi, il Papa ha dedicato a don Pino un passaggio altamente significativo, che è stata una vera e propria consegna: «La Chiesa di Palermo ha ricordato recentemente l'anniversario del barbaro assassinio di don Giuseppe Puglisi, appartenente a questo presbiterio, ucciso dalla mafia. Egli aveva un cuore che ardeva di autentica carità pastorale; nel suo zelante ministero ha dato largo spazio all'educazione dei ragazzi e dei giovani, e insieme si è adoperato perché ogni famiglia cristiana vivesse la fondamentale vocazione di prima educatrice della fede dei figli. Lo stesso popolo affidato alle sue cure pastorali ha potuto abbeverarsi alla ricchezza spirituale di questo buon pastore, del quale è in corso la causa di beatificazione. Vi esorto a conservare viva memoria della sua feconda testimonianza sacerdotale, imitandone l'eroico esempio».

Oggi che il traguardo della pubblicazione del Decreto sul martirio di don Pino è stato raggiunto, non posso che esprimere viva e commossa gratitudine a quanti, con operoso impegno e grande dedizione, si sono adoperati per promuovere, in tutte le fasi, la Causa, ma soprattutto a S.E. monsignor Vincenzo Bertolone, che con generosità e competenza, nell'ultima e decisiva fase, ha saputo fornire alla Congregazione delle Cause dei Santi quegli ulteriori elementi di giudizio richiesti dalla Santa Sede per una definitiva valutazione del caso.

A monsignor Bertolone va riconosciuto non soltanto il merito di avere bene interpretato i sentimenti e l'attesa dell'intera Chiesa di Palermo, ma anche di essersi valso di tutti gli strumenti più validi e di precise competenze perché il martirio di don Pino venisse riconosciuto come provvidenziale epilogo di un'esistenza sacerdotale spesa totalmente al servizio di Dio e dell'uomo.

Don Pino Puglisi potrà adesso essere presentato alla nostra Arcidiocesi, alla Sicilia tutta e alla Chiesa universale come martire assassinato in odio alla fede da un'organizzazione mafiosa, che purtroppo maschera anche con atti religiosi la sua vera natura di intrinseco ateismo. Ciò servirà a ribadire – come più volte i Vescovi di Sicilia hanno autorevolmente già fatto – che non vi può essere nessun compromesso tra la fede cristiana e la criminalità mafiosa. Da oggi in poi, a ribadirlo con assoluta vivezza e stringente coerenza di vita, è il sacerdote martire di Brancaccio.

Con il suo esempio, «don Pino invita a mostrare a se stessi, e soprattutto alle nuove generazioni, che vale la pena lottare per poter cambiare», per operare non soltanto miglioramenti esteriori, ma autentiche conversioni che mettano in movimento nuova linfa di bene nel tessuto comunitario e sociale.

Tutto questo quando proprio la nostra società è segnata da una sensazione di indeterminatezza, da una nebulosità valoriale che la orienta sempre più e sempre più pericolosamente al relativismo, da una debolezza delle norme del vivere comune: tutti fattori che spingono l'uomo – specie chi è più fragile o segnato da antiche e nuove povertà – a impostare la vita su logiche di egoismo e di sopraffazione, di profitto e di successo, di violenza e di morte.

In questo contesto è urgente che la Chiesa, attraverso la sua gloriosa tradizione di santità, possa offrire dei veri modelli cui ognuno può ispirarsi, se vuole scegliere la vita buona del Vangelo. Un autentico servizio reso alle nuove generazioni, le quali – come affermava Paolo VI – più che di maestri avvertono la mancanza di testimoni.

Don Pino sarà annoverato nella folta schiera di coloro che hanno orientato e continuano a orientare al bene il pensare e l'agire degli uomini del nostro tempo.

S.E. CARDINALE PAOLO ROMEO
Arcivescovo di Palermo

Introduzione

«Essere testimoni è necessario soprattutto per chi conserva rabbia nei confronti della società che vede ostile. A lui il testimone deve infondere speranza, facendo comprendere che la vita vale se è donata»[1].

Di don Pino Puglisi conoscevo e apprezzavo l'impegno pastorale e quello civile, entrambi originati, come il suo pensiero attesta, dalla medesima fonte (e come potrebbe essere altrimenti?) alla quale attingeva un altro sacerdote, ucciso in terra di missione una trentina d'anni prima: padre Francesco Spoto, settimo Superiore Generale della Congregazione Missionari Servi dei Poveri, anche lui siciliano, anche lui animato della stessa legge d'amore e della cui causa di beatificazione *super martyrio* ero stato designato, a suo tempo, Postulatore, da padre Giuseppe Giorgio, Superiore Generale della Congregazione Missionari Servi dei Poveri.

Quando l'Arcivescovo della Chiesa di Palermo, il cardinale Paolo Romeo, mi chiese di seguire quale Postulatore anche la causa di beatificazione di don Giuseppe Puglisi, nel mio cuore prese ad agitarsi la viva preoccupazione di non essere all'altezza di assumere un impegno tanto gravoso, perché denso di difficoltà e di punti oscuri; condivisa col cardinale l'opportunità che la questione fosse

[1] F. Deliziosi, *Don Puglisi: vita del prete palermitano ucciso dalla mafia*, Mondadori, Milano 2005[3], p. 228.

sottoposta anche al vaglio del Consiglio presbiterale, presi alcuni mesi prima di rispondere.

La causa, allora, giaceva. Don Mario Torcivia riteneva di avere fatto tutto ciò che era nelle sue possibilità. L'*iter* era a un punto morto, dopo anni di intenso lavoro (l'8 novembre 2004 il padre Daniele Ols, relatore della causa, aveva nominato don Mario Torcivia [che si impegnò con tenacia, competenza e passione] collaboratore esterno per la redazione della *Positio super martyrio*, il quale si impegnò con tenacia, competenza e passione). Il Congresso teologico della Congregazione delle Cause dei Santi, in due sessioni (maggio e ottobre 2006) aveva esaminato la *Positio* richiedendo ulteriore materiale probativo, in pratica una *Positio suppletiva*. Ma neppure questa si rivelò sufficiente, tanto che, nonostante la risposta affermativa dei censori teologi, il 12 dicembre del 2006, l'Ordinaria dei Cardinali e dei Vescovi palesò nuove difficoltà in ordine ad aspetti fondamentali della vicenda, la cui delicatezza – d'altra parte – non sfuggiva a nessuno. Si trattava di dimostrare che don Puglisi era stato assassinato *in odium fidei* da gente mafiosa sì, ma pur sempre battezzata e professantesi cristiana, cattolica, osservante.

La questione faceva tremare i polsi, anche perché i pareri, in ambito sia ecclesiale sia civile, erano discordi, non univoci. Passarono così altri tre anni, dalla fine del 2006 al 2010, quando ricevetti l'invito del cardinal Romeo, poi ufficializzato, dopo la mia accettazione, con provvedimento arcivescovile del 6 agosto 2010, approvato dalla Congregazione con decreto del 24 agosto 2010. Il 24 maggio 2011 la Postulazione consegnava le risposte alle domande richieste dall'Ordinaria dei Cardinali e dei Vescovi il 12 dicembre 2006. Il 5 giugno 2012 la medesima Ordinaria le riteneva esaustive. Il 28 giugno 2012 Papa Benedetto XVI autorizzava la Congregazione delle Cause dei Santi a promulgare il Decreto sul martirio *in odium fidei* di padre Pino Puglisi della Chiesa *panormitana*, ucciso dalla mafia.

Che cosa mi indusse ad accettare la nomina e l'onere a Postulatore? Che cosa fece prevalere il «sì» (un sì, peraltro, convinto, deciso, determinato), sui tanti «se», «ma», «forse»? In primo luogo, la statura del personaggio, in tutte le sue componenti e sfaccettature. Perché mi chiedevo: se non è martire lui, chi è martire? Se martire è chi viene ucciso a motivo della sua fede, anzi in odio della sua fede, e perché non possa più dare testimonianza al mondo dopo aver testimoniato Cristo Signore fino all'offerta totale, allora perché la Chiesa non dovrebbe riconoscergli il sigillo della santità? E, mentre procedevo nella conoscenza dell'uomo, del sacerdote, del ministro di Cristo, del missionario, don Giuseppe Puglisi diventava ai miei occhi sempre più grande, nella dolce fermezza di predicare, proclamare, annunciare il Vangelo a tutti, mafiosi compresi. Pian piano veniva emergendo la figura di un magnifico sacerdote.

Il libro, che non ambisce a essere una biografia, ripercorre per brevi cenni le tappe biografiche, pastorali e giudiziarie della vicenda terrena di don Puglisi e affronta con maggior profondità le ragioni e le cause del suo martirio.

Sento il dovere di ringraziare tutti coloro che direttamente o indirettamente hanno contribuito alla redazione della *Responsio*, presentata alla Congregazione delle Cause dei Santi e alla stesura di questo testo[2].

Sempre più nitidamente venne affermandosi in me il valore della testimonianza di questo parroco di una chiesa di una zona tra le più depresse di Palermo (come dire della Sicilia, ovvero dell'intero Meridione d'Italia, dove mali storici e condizioni antroposociologiche del tutto speciali hanno favorito e alimentato il triste fenomeno

[2] Scusandomi se dimentico qualcuno, non posso non ricordare il cardinale Paolo Romeo, monsignor Carmelo Cuttitta, monsignor Rino Fisichella, padre Mario Torcivia, il professor Andrea Riccardi, don Angelo Romano, padre Giacomo Ribaudo, padre Francesco Antonelli, padre Cosimo Scordato, padre Michele F. Stabile, il dottor Francesco Deliziosi, don Maurizio Francoforte, il professor Ulderico Parente, il professor Giuseppe Savagnone, Giovanni Bonanno.

mafioso, cioè antievangelico). E nel contempo avvertii che – accettando l'invito dell'Arcivescovo palermitano – avrei potuto chiarire anche un altro aspetto molto importante: il suo atteggiamento e, prima ancora di questo, il suo essere «anti». No, mi dicevo, il parroco di Brancaccio non è stato un prete *contro*[3], ma *per* l'uomo, è stato sacerdote che ha avvertito il bisogno incoercibile di proporre, in ogni modo e con ogni mezzo, la verità di Cristo.

Questa verità, che è accoglienza del povero, che è rispetto per l'altro, che è amore per la vita, che è impegno per la difesa della dignità della persona, che è essenziale e radicale ascolto della Parola ed è comunione, amicizia, pace, responsabilità, non potrà – anche in futuro – non scontrarsi con la mafia, con il suo potere di morte, con la sua arroganza, con l'irresponsabilità verso l'altro, con la sua volontà di annientare l'immagine di Dio scolpita nel cuore e nel volto degli uomini, con l'ipocrisia della ritualità che copre la scia di sangue nella quale intende lasciare affondare il popolo siciliano.

Oggi tutto ciò appartiene alla storia, non solo della Chiesa palermitana e universale, ma della società civile. Una cosa è certa: la beatificazione di don Puglisi è la promessa di una svolta, e io vi scorgo un ininterrotto flusso di grazia, donata dal Signore all'antica e nobile terra di Palermo e della Sicilia, grazia che si estrinseca nella più alta interpretazione del Vangelo delle Beatitudini: «Beati i miti, perché erediteranno la terra. Beati quelli che hanno fame e sete della giustizia, perché saranno saziati» (Mt 5, 1-12). Don Giuseppe Puglisi, infatti, si inserisce nella stessa linea del beato Giacomo Cusmano, palermitano, che rinunciò a tutto: carriera, ricchezze, successi, e si do-

[3] Lo stesso don Puglisi, racconta Deliziosi nel suo libro, rifiutava tale etichetta. A seguito di una sua intervista, apparsa sul *Giornale di Sicilia* nel corso del 1993 e intitolata *Attentati in serie alla parrocchia antimafia*, ebbe a dire: «In vita mia non sono mai stato anti qualcosa ma sempre per costruire qualcosa» (in F. Deliziosi, *Don Puglisi*, p. 18.

nò agli ultimi, ai più poveri tra i poveri, di cui si sentì sempre servo. Don Giuseppe Puglisi, affettuosamente chiamato in vita e *post mortem* «P.P.P.», conosce l'onore degli altari; il suo comportamento, e qui uso parole del cardinale Romeo, è «inciso a caratteri di fuoco divino nel cuore dell'essere discepoli e amanti del Cristo»[4].

MONSIGNOR VINCENZO BERTOLONE
Arcivescovo di Catanzaro-Squillace
Postulatore della Causa di Beatificazione

[4] P. Romeo, nell'Introduzione a *Memoria del cinquantesimo anniversario dell'ordinazione presbiterale di padre Pino Puglisi... quale pastorale?*, O.DI.PA., Palermo 2010, p. 6.

I.

Il valore del martirio

Fede non è sapere che l'altro esiste
è vivere dentro di lui
calore nelle sue vene sogno nei suoi pensieri.
Qui aggirarsi dormendo in lui destarsi.

Lalla Romano

La poesia di Lalla Romano manifesta l'anelito trascendente presente nel cuore di ogni uomo, fonte di santità e unica scaturigine possibile per il dono totale di sé. Santità, martirio, fede: concetti che spesso, specie tra i più giovani, rimandano a qualcosa di studiato tra i banchi di scuola, comunque appartenente a tempi lontani. Quando, come ancora ricorda qualche film in bianco e nero che di tanto in tanto passa in tv, il Colosseo era un'arena infestata di leoni e tigri ai quali dare in pasto i nemici dell'Impero: a seconda dei casi, schiavi infedeli, assassini condannati a morte, cristiani.

Eppure, proprio oggi che la società contemporanea sembra aver smarrito le certezze essenziali della vita, Cristo, i suoi santi e i suoi martiri rappresentano ancora l'unico punto di riferimento per orientare al bene esistenze e comportamenti.

Uomini e donne di ogni età, provenienza e condizione sociale, che hanno offerto il sacrificio di sé sull'esempio di

Gesù crocifisso: questo sono i santi e i martiri. Abitatori esemplari delle nostre città,

> danno freschezza e concretezza alle Beatitudini, che in loro non sono utopia ma tangibile realtà. Si specchiano in Cristo e lo riflettono nelle mille iridescenze della grazia, come purissimi diamanti spirituali. E, come Dio, che è carità senza fine, così i santi esplodono di immensa carità, stringendo ogni essere umano in un abbraccio di amore: il povero viene aiutato, l'ammalato assistito, il peccatore perdonato, l'ignorante istruito, il nemico rispettato, lo straniero accolto[1].

Per questa via, per la sua intima costituzione e per la testimonianza luminosa dei suoi figli esemplari, la Chiesa è santa, d'una santità la cui origine e radice è in Gesù Cristo, nel cui sangue i beati della Chiesa hanno lavato le loro vesti, rendendole candide come la neve (cfr. Ap 7,14).

Di questa schiera celeste è entrato a far parte anche don Giuseppe Puglisi. Accostandosi alla figura, all'esempio e all'eredità spirituale e morale del sacerdote palermitano ucciso dalla mafia il 15 settembre del 1993, quanti ancora sono ancorati allo stereotipo del santo o del martire da Colosseo possono scoprire che la santità è, oggi come ieri e più di ieri, la vocazione per eccellenza di ogni cristiano, che si realizza nel concreto della vita, grazie alla fedeltà dell'amore di Dio, che diventa a sua volta in chi l'accoglie fedeltà a Dio e ai fratelli nel quotidiano allenamento là dove ci si trova a vivere[2].

I martiri, in particolare, sono testimonianza, ma soprattutto dono. Essi mostrarono ai primi cristiani la fermezza della fede, l'amore a Gesù e la comunione con la Chiesa. Il martirio li costituisce non solo come Vangelo vivente per tutta la Chiesa, ma anche quale sogno luminoso e inquietante, tanto da far esclamare a Giustino:

[1] A. Amato, *I santi si specchiano in Cristo*, Libreria Editrice Vaticana, Città del Vaticano 2011, p. 5.

[2] «Nessuno ha un amore più grande di questo: dare la vita per i propri amici» (Gv 15,13).

Nessuno credette mai a Socrate, sino al punto di dare la vita per la sua filosofia[3].

Accanto al battesimo di acqua si pone, dunque, il battesimo di sangue, l'unico in grado di rendere ancora più puri di quanto non renda il battesimo di acqua[4]. Nella tradizione cristiana, il martirio è un atto supremo di amore verso Dio. Più concretamente,

> il martirio è la volontaria accettazione e sopportazione della morte per testimoniare la propria fede in Cristo. Mediante l'effusione del sangue, il martire è reso simile a Gesù, che liberamente accettò la morte in croce per la salvezza del mondo. Il martirio è, quindi, una compartecipazione al sacrificio redentore di Cristo. Per questo è stato sempre stimato dalla Chiesa come dono insigne e come suprema prova di carità[5].

Un martirio cristiano non è mai un caso:

> Un martire, un santo, è sempre fatto dal disegno di Dio, per l'amore per gli uomini, per ammonirli e guidarli, per riportarli sulle sue vie. Un martirio non è un disegno d'uomo, poiché vero martire è colui che è divenuto strumento di Dio, che ha perduto la sua volontà nella volontà di Dio, non perduta ma trovata, poiché ha trovato la libertà nella sottomissione a Dio. Il martire non desidera nulla più per se stesso, neppure la gloria del martirio[6].

Il martire, dunque, è il battezzato fedele a Cristo fino al dono della vita. La fede in lui è un atto personale, consapevole e libero, da vivere nella comunione e nell'orazione. La sua vera identità, pertanto, è quella di essere cristiano, è il suo battesimo in Cristo, al di là della sua nazione, della sua cultura, della sua stessa famiglia. E Gesù ha bisogno di uomini del tutto indifferenti a se stessi,

[3] Giustino, *II Apologia* 10

[4] Origene, *Omelie nei Giudici* 7,5.

[5] A. Amato, *I Santi nella Chiesa*, Libreria Editrice Vaticana, Città del Vaticano 2010, p. 22.

[6] T.S. Eliot, *Assassinio nella cattedrale. Sacra rappresentazione*, Bompiani, Milano 1974, p. 56.

poiché sul Tabor e nell'Orto degli Ulivi hanno visto e udito quello che nessun occhio d'uomo ha mai visto, nessun orecchio mai udito, quello che non è mai penetrato in alcun cuore d'uomo (cfr. 1Cor 2,9), e cioè quello che avviene nel cuore di Dio e che egli ha concesso ai suoi eletti di vedere, udire, sentire. Solo uomini simili, che hanno completamente dimenticato e perduto se stessi e sono stati ritrovati da Dio, possono influire sugli uomini come testimoni di Cristo. Non a caso, il concilio Vaticano II ha riproposto il tema del martirio come testimonianza sublime di fede (GS 21) e come massima testimonianza di amore, stimata dalla Chiesa dono insigne e suprema prova di carità (LG 42). Giovanni Paolo II, nella lettera apostolica *Tertio millennio adveniente*, scrive:

> La Chiesa del primo millennio nacque dal sangue dei martiri. Al termine del secondo millennio, la Chiesa è divenuta nuovamente Chiesa di martiri[7].

Lo scrittore russo Pavel Evdokimov, in *L'amore folle di Dio*, descrivendo i santi, tra le altre cose scrive:

> Per la prassi marxista un santo è un uomo inutile: a che potrebbe servire? È questa inutilità, o meglio questa totale disponibilità verso il Trascendente, a porre ineluttabilmente le questioni di vita o di morte a un mondo senza memoria. Un santo, anche nel massimo isolamento o nascondimento, vestito di spazio e di nudità, porta sulle sue fragili spalle il peso del mondo, la notte del peccato: egli protegge il mondo dalla giustizia divina. Quando il mondo ride, il santo piangendo dona agli uomini la misericordia divina[8].

Simone Weil, con espressione più forte, si sofferma su un particolare tipo di santità: «Il mondo attuale ha bisogno di santi, di santi nuovi, di santi che abbiano del genio»[9], perché, a dirla ancora con Evdokimov, «i discorsi non ba-

[7] Giovanni Paolo II, Lettera pastorale *Tertio millennio adveniente* 37.
[8] P. Evdokimov, *L'amore folle di Dio*, Edizioni Paoline, Roma 1981, p. 45
[9] S. Weil, *Attesa di Dio*, Milano 1984², pp. 69-70.

stano più, l'orologio della storia segna l'ora in cui non è più solo questione di parlare di Cristo, quanto piuttosto di diventare Cristo, luogo della sua presenza e della sua parola».

È il coraggio che solo gli innamorati di Cristo, i semplici come don Puglisi, gli artefici di pace come lui, sanno trovare nel momento supremo della vita. La fede a questo serve, ci ricorda Madeleine Delbrel:

> Dio ama il mondo per mezzo nostro, come per mezzo del suo Figlio. A noi, ora, viene chiesto di garantire la presenza di Gesù nel mondo, di esserne i rappresentanti stabili. Il dono della fede non ha altro scopo[10].

E se ogni cristiano è sacramento di Cristo, molto di più lo è il prete: in lui, infatti, opera il Redentore. Questa verità spalanca dinanzi ai nostri occhi due abissi: la miseria umana e la misericordia di Dio. Il sacerdozio è come un ponte che ne congiunge le sponde trasformando la terra in un tempio. Colui che ha fede si accosta al prete con stupore e tremore davanti al mistero che fa di lui «un Altro, infinitamente a lui superiore»[11].

Tutto questo, e forse molto di più, molto di più di quanto le parole riescano a dire, è stato il beato Puglisi: egli del sacerdote ebbe i segni più elevati e li manifestò totalmente. Proteso nella vita ad aderire fino in fondo alla volontà di Dio, ha seguito e imitato Gesù Cristo nel vivere quotidiano, fino a dare la propria vita a Dio per i fratelli. Da sacerdote si offrì in sacrificio a Dio. Da piccolo parroco diffuse una splendente luce interiore che col suo semplice irradiarsi inquietò le anime intorpidite dal peccato. È toccato a lui dimostrare quel che Kierkegaard riassume con efficacia e plasticità quasi pittorica:

> Quando il testimone della verità arriva alla morte, dice a Dio: «Grazie per tutte le sofferenze che mi hai dato. Grazie a te, infi-

[10] Citato in J. Loew, *Dall'ateismo alla mistica*, EDB, Bologna 1996, p. 111.
[11] F. Mauriac, *Giovedì santo*, Morcelliana, Brescia 1950, pp. 39 ss.

nito Amore». E Dio gli risponde: «Grazie, amico mio, per l'uso che ho potuto fare di te»[12].

È di Cristo, quindi, che si parla quando si parla di don Puglisi. Di Cristo si deve scrivere per fargli onore. La Chiesa, quando ne celebra il martirio, non magnifica la bravura di un uomo, non propone agli altari un eroe, non innalza nessuna grandezza: riconosce, come Maria, che il Signore ha innalzato gli umili e ha guardato l'umiltà.

L'umile è un uomo ottimista e insieme realista: è figlio dell'Altissimo, è discepolo di colui che si è fatto molto piccolo, «*le très-bas et le très-haut*»[13]. L'umile padre Pino Puglisi può essere detto grande perché è stato capace di lasciare che Dio facesse in lui cose grandi. È stato capace di riconoscere la grandezza di Dio negli altri e non ha giudicato nessuno perché sapeva che tutto è dono. L'umiltà è stata presupposto, conseguenza e frutto di tutte le altre virtù, lo ha conformato a Cristo nella vita e nella morte, facendone strumento di un annunzio di altissimo valore religioso ed etico, perché supremo gesto di amore che attinge, come ogni gesto di totale gratuità, alla realtà stessa di Dio.

> In questo modo l'annunzio religioso diventa fatto non marginale, ma coinvolgente la profonda realtà dell'uomo e apre misteriosi spazi di fede, di speranza, di amore non solo alla comunità cristiana, ma ancora a tutti gli uomini che credono nella forza della fede e per la dignità dell'uomo sono pronti a dare la vita come Cristo[14].

Di questo ci si occupa nelle pagine che seguono, avvalendosi della forza dell'esempio del martire Giuseppe Puglisi, che al prezzo della sua vita ha insegnato come si ami Cristo e come si servano la Chiesa e il suo popolo.

[12] S. Kierkegaard, *L'inquietudine della fede,* Gribaudi, Milano 1968, p. 34.
[13] C. Bobin, *Le très-bas*, Editions Thélème, Paris 1992, p. 37.
[14] F.M. Stabile, in *Positio suppletiva*, p. 157.

II.

Ultimo giorno di vita

Olocausto vuol dire bruciare
tutta la propria esistenza sull'altare della croce.
Essere testimoni è necessario soprattutto
per chi conserva rabbia nei confronti
della società che vede ostile.
A lui il testimone deve infondere speranza
facendo comprendere che la vita vale se è donata.

Giuseppe Puglisi

Palermo, 15 settembre 1993, festa della Beata Vergine Addolorata. L'autunno è alle porte, ma nella città arsa dal sole caldo si respira ancora aria d'estate. Quasi afa. Brancaccio, con le sue case disordinate, costruite come solo un bimbo con la sua fantasia saprebbe immaginarle, è periferia del mondo, di cui il mondo ignora l'esistenza, non fosse per i titoli sempre più stretti e corti che i giornali dedicano ad «ammazzatine», furti e ruberie che ormai non fanno più notizia tanto sono frequenti in un quartiere dove si dice regni la mafia.

Quel giorno del 1993 la mafia dimostra d'essere molto più d'una semplice diceria. Quel giorno di 19 anni fa a Brancaccio c'è un sacerdote che come sempre prova a fare bene il suo mestiere. Che poi non è un mestiere, ma una missione.

È un pastore di anime. Pino Puglisi è il suo nome. Come ogni mattina, si sveglia di buon'ora. Nel fitto calendario di una giornata intensa – due matrimoni e di pomeriggio gli incontri di preparazione al battesimo –, spicca anche un appuntamento a Palazzo delle Aquile, sede del Comune di Palermo, per parlare con un alto funzionario insieme ai volontari della «Intercondominio», l'associazione di uomini della borgata, e chiedere la creazione della scuola media nel quartiere.

Dopo la celebrazione dei due matrimoni e l'incontro istituzionale, lascia a casa il clergyman e indossa l'abituale, dimesso abbigliamento: una maglietta e un paio di pantaloni neri di cotone. Nel tardo pomeriggio, nella chiesa di San Gaetano, incontra un gruppo di famiglie per preparare i battesimi, quindi va al Centro «Padre Nostro». C'è da festeggiare un compleanno: il suo. Spente le cinquantasei candeline sulla torta e stappato lo spumante, poco dopo le venti don Pino saluta e va via. Arrivato sotto casa in piazzale Anita Garibaldi, parcheggia la sua Fiat Uno rossa, scende, si dirige verso il portone d'ingresso. Ha già le chiavi in mano quando un uomo sbucato dal nulla gli si para davanti. «Me l'aspettavo», dice don Puglisi abbozzando un sorriso[1]. Poi più niente. Solo il rumore sordo dello sparo attutito dal silenziatore, il silenzio, il sangue.

> Era un uomo buono, solo, disarmato. In quattro andarono a spargli. Lo spiarono, lo seguirono, lo raggiunsero sul portone di casa. In silenzio gli andarono alle spalle. Lo fermarono. E per

[1] Quel sorriso è indelebile in chi sparò, Salvatore Grigoli; lo stesso chiarirà, poi, di non considerarsi, per l'omicidio, un collaboratore di giustizia, bensì un pentito. Questo stesso sorriso sarà confermato da quanti soccorsero don Puglisi, parteciparono all'esame autoptico o ebbero, comunque, modo di osservarlo. Vide il sorriso sul volto di padre Puglisi il volontario Giuseppe Carini, studente di medicina, che arrivò tra i primi all'obitorio quella notte (il Carini è colui a cui don Pino disse di stargli accanto quando l'autopsia fosse toccata a lui). Del sorriso parlano anche il pubblico ministero Lorenzo Matassa nella requisitoria (cfr. F. Deliziosi, *Don Puglisi*, p. 234) e monsignor Di Cristina che vide tra i primi il corpo nella bara (cfr. ivi, p. 253). Del sorriso dà testimonianza lo stesso F. Deliziosi che arrivò in cattedrale assieme alla moglie la mattina del 16 settembre.

fermarlo lo chiamarono padre, perché era un sacerdote. Per rabbia lo uccisero. Per rabbia, per paura, per invidia. Perché dall'altare li aveva chiamati animali[2].

Pippo De Pasquale, amico di don Pino, stava andando con una pizza in mano verso la casa di padre Puglisi per festeggiare il suo compleanno, ma lo trova a terra, ormai esanime, con le braccia in croce[3], come affidandosi a Dio. Finisce così la storia terrena di un uomo santo. Inizia così il racconto di una testimonianza in odore di gloria[4].

[2] B. Stancanelli, *A testa alta. Don Giuseppe Puglisi: storia di un eroe solitario*, Einaudi, Torino 2003, p. 3.

[3] Né Grigoli né Spatuzza hanno mai detto nulla su questa posizione. Lo hanno messo loro così prima di andarsene? Oppure, più verosimilmente, si può ipotizzare che don Puglisi, con le ultime forze, si sia voluto raccogliere in un estremo gesto simbolico di consacrazione al Signore? Cfr. M. Corvaia, *Pino se l'aspettava*, Navarra Editore, Palermo 2012, p. 35.

[4] Il Procuratore generale di Catanzaro, Santi Consolo, in occasione della presentazione a Palermo, il 2 luglio del 2012, di «Lascia perdere chi ti porta a mala strada», lo speciale di Rai Vaticano dedicato a don Puglisi, andato in onda in seconda serata il 3 luglio su Rai Uno, ha evidenziato che il conservare il sorriso dopo avere ricevuto il colpo alla nuca è un fatto straordinario, perché ordinariamente il volto di chi viene ammazzato si stravolge a causa della violenza subita. L'inconfutabile verità giudiziaria, acclarata con profondo scrupolo nelle verifiche, anche dei dettagli, ha ricordato Consolo, attesta infatti come don Puglisi fosse consapevole della prossima aggressione mortale che avrebbe subito per la missione da sempre vissuta con amore e completa dedizione verso i deboli del suo quartiere. Gaspare Spatuzza lo avvicinò prendendo il suo borsello e comunicandogli l'intento di rapinarlo. Don Puglisi comprese che tale modalità era un evidente depistaggio circa il reale movente della sua imminente uccisione. Mandanti e sicari volevano così annullare nella memoria collettiva il sacrificio della sua testimonianza di fede. Eppure il sorriso di amore verso i sicari, dolce, sereno, fiducioso permane e non è minimamente scalfito dalla violenta avvertita aggressione. Ebbene, per il procuratore Santi Consolo quel sorriso che resta anche dopo la violenza subita e dopo la stessa ricomposizione del corpo è un fatto straordinario.

III.

Profilo biografico di don Giuseppe Puglisi

Ogni essere umano, nel corso della propria esistenza, può adottare due atteggiamenti: costruire o piantare. I costruttori possono passare anni impegnati nel loro compito, ma presto o tardi concludono quello che stavano facendo. Allora si fermano, e restano lì, limitati dalle loro stesse pareti. Quando la costruzione è finita, la vita perde di significato. Quelli che piantano soffrono con le tempeste e le stagioni, raramente riposano. Ma, al contrario di un edificio, il giardino non cessa mai di crescere. Esso richiede l'attenzione del giardiniere, ma, nello stesso tempo, gli permette di vivere come in una grande avventura.

Paulo Coelho

Questa è la storia di Giuseppe Puglisi, detto Pino. Comincia a Palermo, nel rione di Settecannoli[1], dove il futuro sacerdote viene alla luce il 15 settembre 1937, da Carmelo e da Giuseppina Fana, terzo di quattro figli.

[1] Don Pino Puglisi, secondo le testimonianze raccolte da Francesco Deliziosi e da lui trasferite nei libri pubblicati sulla vita e l'opera del sacerdote palermitano, nacque in un'abitazione affacciata sul Cortile Faraone n. 8, vicino a Corso dei Mille, ovvero la strada che attraversa il rione Settecannoli, che solo agli inizi degli anni Ottanta, al termine della revisione toponomastica e della suddivisione della città in venticinque quartieri, entrò a far parte del quartiere di Brancaccio. Ecco probabilmente spiegato il perché dell'indicazione non sempre univoca del quartiere di nascita del beato, indicato a volte nel rione Settecannoli e altre nel quartiere Brancaccio.

Il padre calzolaio e la madre sarta lo educano alla fede cristiana. La madre, in particolare, devota alla Madonna, trasmette al figlio la devozione mariana, il cui culto, e in particolare il dogma dell'Immacolata Concezione, don Pino Puglisi approfondì durante gli anni del seminario[2].

Nel secondo dopoguerra la famiglia si trasferisce nella vicina borgata di Romagnolo, sul litorale orientale della città, e qui Pino frequenta la chiesa di san Giovanni Bosco. L'allora parroco, don Calogero Caracciolo, si lega in affettuosi rapporti con la famiglia e con lui, che adolescente si impegna in parrocchia come animatore delle attività per i bambini e in un gruppo dell'Azione Cattolica.

A sedici anni, studente dell'istituto magistrale, manifesta la propria vocazione sacerdotale. Entra nel seminario di Palermo nel settembre 1953. Il 2 luglio del 1960, giorno della Visitazione di Maria Vergine, viene ordinato sacerdote dal cardinale Ernesto Ruffini. Dopo aver trascorso alcuni mesi con don Caracciolo, Giuseppe Puglisi riceve nel 1961 l'incarico di vicario cooperatore presso la

[2] Tra i suoi appunti si trovano, infatti, una quarantina di pagine databili agli anni '62-'63 che contengono una descrizione della cerimonia di proclamazione del dogma e altre riflessioni sul rosario e sull'Assunzione. In particolare Puglisi si sofferma sulle cinque qualità necessarie alla vera devozione: «Interiore: in ossequio della volontà e dell'intelligenza. Tenera: piena di confidenza, semplicità, tenerezza per dubbi, falli, tentazioni, scrupoli, croci, fatiche, ostacoli. Santa: portare l'anima a evitare il peccato, a imitare le virtù della Vergine. Costante: l'anima si consolida nel bene ed è condotta a non lasciare le pratiche di pietà, quindi viene resa coraggiosa. Se cade, si rialza. Disinteressata: non per altri motivi personali, ma perché Maria Santissima è amabile in sé» (F. Deliziosi, *Don Puglisi*, pp. 72-73). E segnala casi di errori da parte dei fedeli: ai due estremi ci sono coloro che disprezzano la devozione mariana vedendoci «un'abitudine da donnette» e coloro che si rivolgono alla Madonna solo per ottenere favori e grazie. La persistenza negli anni della devozione mariana è inoltre provata da diversi pellegrinaggi che organizzò, in particolare a Siracusa e a Pompei, luoghi mariani per eccellenza. Fino all'ultimo seguì spiritualmente le ragazze madri assistite a Boccadifalco nella casa Madonna dell'Accoglienza. «Ho rinunciato a tanti incarichi», diceva, «per fare il parroco, ma a questo non rinuncio». Per diverso tempo, prima di diventare parroco a Brancaccio, don Puglisi è stato anche assistente spirituale delle Équipes Notre Dame, il movimento mariano per le coppie, che era arrivato anche in Sicilia dalla Francia negli anni Ottanta.

parrocchia del SS. Salvatore nella borgata di Settecannoli, limitrofa a Brancaccio. Successivamente, viene nominato rettore della chiesa di San Giovanni dei Lebbrosi, dedicandosi principalmente ad attività in favore dei giovani, grazie anche alla collaborazione di gruppi dell'Azione Cattolica, e in direzione dell'assistenza spirituale alle famiglie di un gruppo di case popolari della zona, sostenendo le lotte degli abitanti con l'amministrazione comunale per ottenere i servizi indispensabili alla vita civile. Nel 1967 diventa cappellano presso l'istituto per orfani di lavoratori «Roosevelt», nel quartiere Addaura di Palermo e vicario presso la parrocchia Maria SS. Assunta della borgata di Valdesi.

Seguono, e lasciano tracce evidenti, gli anni della diffusione e dell'accoglienza dei documenti del concilio Vaticano II, il cui spirito anima la sua vita di giovane prete.

Il primo ottobre 1970 viene nominato parroco a Godrano, un paesino di un migliaio di abitanti a circa quaranta chilometri da Palermo, scosso negli anni precedenti da una sanguinosa faida. Vi rimane fino al 31 luglio 1978, spendendo ogni energia per una profonda opera di riconciliazione tra le famiglie[3]. In collaborazione con il gruppo di ispirazione francescana «Presenza del Vangelo», del padre Rivilli, attiva nelle case dei parrocchiani degli incontri, denominati «cenacoli del Vangelo», uno degli strumenti più efficaci del cammino di crescita religiosa dell'intera comunità. Contemporaneamente, apre un dialogo tra la comunità cattolica e quella dei pentecostali, tuttora presente a Godrano.

Sempre durante gli anni Settanta continua nella sua

[3] Di questa esperienza godranese ha parlato anche monsignor Carmelo Cuttitta, vescovo ausiliare di Palermo, nel corso della conferenza stampa del 29 giugno 2012: «Conservo un tenero ricordo di padre Puglisi, che conosco dall'età di 8 anni, quando arrivò a Godrano come parroco. I miei ricordi sono legati a episodi della mia fanciullezza e dell'adolescenza. Pensare che una persona a cui sono stato accanto adesso è stata dichiarata martire è per me sconvolgente».

opera di insegnante di religione, prima in una scuola media e poi, dal 1978 e fino alla morte, presso il liceo classico palermitano «Vittorio Emanuele II». Nello stesso periodo partecipa alle attività di un gruppo di giovani volontari presso la parrocchia dei «Decollati», nel quartiere periferico dello «Scaricatore», e si unisce a numerosi incontri dei gruppi di presbiteri che si interrogano sulla traduzione concreta in atti e comportamenti specifici degli insegnamenti del concilio Vaticano II.

Il 9 agosto 1978 è nominato prorettore del seminario minore di Palermo, il 24 novembre del 1979 direttore del Centro diocesano vocazioni[4]. Nel 1983 diviene responsabile del Centro regionale vocazioni e membro del Consiglio nazionale. Secondo le nuove direttive della pastorale vocazionale, sorte dalle riflessioni post-conciliari, riorganizza il lavoro dei Centri diocesani vocazioni siciliani, offrendo agli studenti e ai giovani un percorso formativo esemplare dal punto di vista pedagogico e cristiano, attraverso svariate attività, incontri periodici di preghiera, mostre e soprattutto mediante i campi scuola estivi. Numerosi i sacerdoti, i religiosi e le religiose che, grazie al suo aiuto, abbracciano con gioia, durante gli anni Ottanta del Novecento, la propria vocazione. In questa fase della sua esistenza terrena, intanto, don Puglisi continua ad approfondire gli studi biblici e la teologia conciliare e post-conciliare, ampliando le proprie conoscenze anche sui temi della psicanalisi, della psicologia dell'età adolescenziale e della terapia di gruppo. Memoria di questa instancabile attività di aggiornamento è la sua biblioteca (composta da circa 4.000 volumi), ospitata oggi in una sala del seminario diocesano a lui intitolata.

Nell'ottobre del 1990 don Puglisi, nel frattempo chiamato a svolgere il suo ministero sacerdotale anche presso

[4] Interessante è, al riguardo, l'articolo *Don Pino Puglisi, lampada che risplende*, di mons. Carmelo Cuttitta, vescovo ausiliare di Palermo: cfr. *Vocazioni* 2, marzo/aprile 2010, pp. 74-81.

la casa «Madonna dell'Accoglienza» di Boccadifalco, in favore di ragazze madri in difficoltà, viene nominato parroco della chiesa di San Gaetano, a Brancaccio. Il suo primo pensiero corre agli anziani abbandonati, ai ragazzi e agli adulti analfabeti residenti in un quartiere di 12.000 abitanti, privo di scuole medie. Organizza allora corsi di alfabetizzazione, di teologia di base e di formazione dei volontari. D'intesa con l'arcivescovo, il cardinale Salvatore Pappalardo, chiama a operare nella zona alcune Sorelle dei Poveri di Santa Caterina da Siena e affida loro il Centro di promozione «Padre Nostro», fondato nel gennaio del 1993, con l'intento di curare l'evangelizzazione e l'educazione tra i bambini del quartiere, reclutati sin da piccoli dai clan malavitosi come manovalanza criminale.

Ricorda il cardinale Paolo Romeo, arcivescovo di Palermo:

> Profondamente legato a questo stile missionario fu il suo legame col territorio. E questo a Godrano come a Brancaccio, dove, in particolare, erano altri che cercavano il controllo del territorio per comprarlo palmo a palmo, per colonizzarlo silenziosamente. Puglisi entrò nel territorio, portando sulle strade la testimonianza di quella ricchezza alimentata nel tempio[5].

La parrocchia e il Centro «Padre Nostro» si fanno carico di una situazione disgregata, con sacche di povertà estrema, disoccupazione, fenomeni di prostituzione minorile e pedofilia. Don Puglisi si rende promotore di incontri presso le autorità – *in primis* Comune e Prefettura – e vive al fianco dei suoi parrocchiani la stagione in cui la mafia portava la sua sfida allo Stato al più alto livello, promuovendo anche una manifestazione rivolta alla commemorazione dei magistrati Giovanni Falcone e Paolo Borsellino, uccisi nelle stragi del maggio e luglio 1992.

[5] P. Romeo, *Omelia in occasione del XVIII anniversario della morte di don Pino Puglisi*, Palermo, 15 settembre 2011, in P. Romeo, *Amare, costruire, servire il bene comune*, Edizioni O.Di.Pa., Palermo 2012, pp. 411 ss.

Primo piano di padre Pino Puglisi.

Alla Prima Comunione.

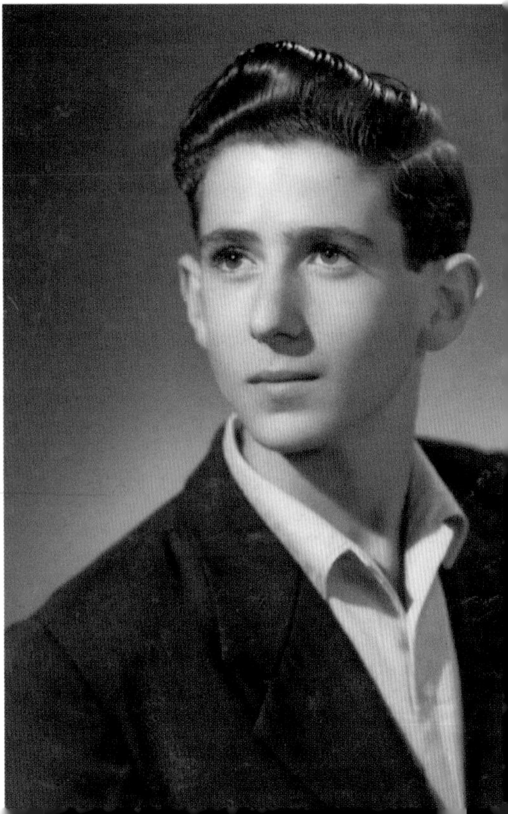

Da giovane.

Don Puglisi con i compagni di corso.

Con la famiglia.

Don Puglisi da seminarista.

Con i bambini del catechismo.

A Taormina con i compagni.

Gita in barca con gli amici.

L'Ordinazione diaconale di don Puglisi.

L'Ordinazione diaconale.

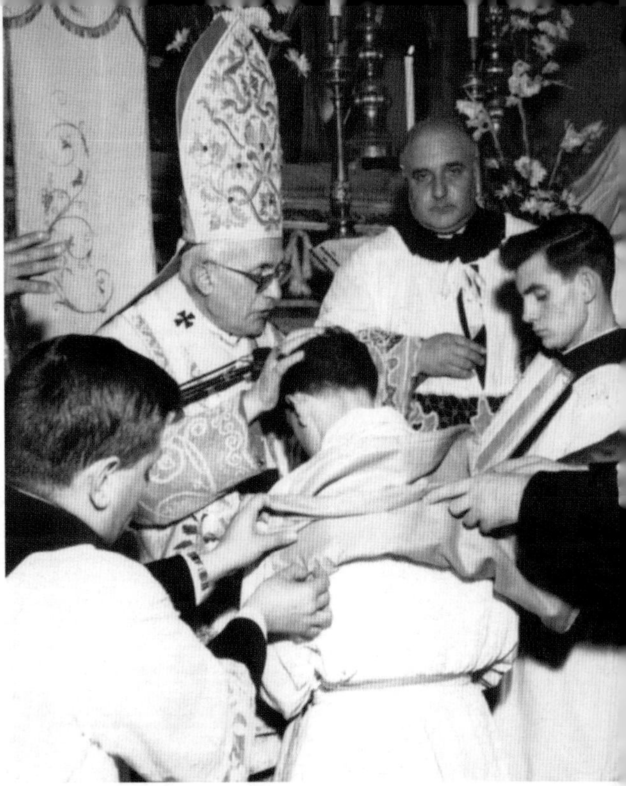

Foto con i compagni nel giorno dell'Ordinazione diaconale.

Viene ordinato sacerdote dal card. Ruffini.

Giorno dell'Ordinazione Sacerdotale.

Don Pino con i genitori.

Festa in parrocchia.

Celebrazione in parrocchia.

A Godrano con la madre e alcuni parrocchiani.

Don Puglisi in mezzo ai giovani.

Don Puglisi a Catania.

Una celebrazione in montagna.

Don Puglisi con i giovani in montagna.

Don Puglisi con i genitori.

Durante una concelebrazione.

Alla celebrazione con il Santo Padre.

A Godrano con un gruppo di giovani.

Amministra il Sacramento del Battesimo.

Durante la celebrazione della Messa.

All'amministrazione di un Battesimo.

Don Puglisi a Rocca Busambra.

Don Puglisi a Motta Daffermo.

Don Puglisi a Godrano.

Durante un campo scuola.

Durante una celebrazione.

Don Puglisi celebra nel bosco della Ficuzza.

Visita al Santo Padre.

Don Puglisi a Baida.

Momento offertoriale di una celebrazione.

In occasione di un matrimonio.

A Gerusalemme porta la Croce.

Festa in parrrocchia.

Alla celebrazione: Offertorio.

Celebrazione eucaristica.

Con il Santo Padre Giovanni Paolo II.

Ordinazione sacerdotale di mons. Carmelo Cuttitta, Cattedrale di Palermo.

Celebrazione della prima messa di mons. Carmelo Cuttitta, a Godrano.

Con l'amico Giovanni Bonanno.

La sera dell'omicidio, 15 settembre 1993.

Funerale di don Puglisi, 17 settembre 1993.

Funerale di don Puglisi, 17 settembre 1993.

Funerale di don Puglisi, 17 settembre 1993.

L'azione e l'operato sacerdotali rivestono di concretezza un pensiero che ha già acquisito consistenza teorica e teologica: quello sul martirio e sul dovere e la forza della testimonianza, ritenuti una possibile conseguenza dell'autenticità della vita cristiana in una prospettiva inconfondibilmente evangelica ed escatologica, intrisa della speranza della risurrezione.

Sul punto, dunque, il suo sentire è assolutamente cristiano e sacerdotale: la sua disponibilità alla morte è quella totale dell'abbandono fiducioso a Dio, nella fedeltà alla missione di prete fino all'effusione del sangue.

In un intervento intitolato *Testimoni della speranza*, scritto in occasione del 42° Convegno nazionale della «Presenza del Vangelo», svoltosi a Trento tra il 22 e il 29 agosto 1991, medita esplicitamente proprio sul significato del martirio:

> Se vogliamo essere discepoli di Gesù, dobbiamo diventare testimoni della risurrezione... Certo, la testimonianza cristiana va incontro a difficoltà, diventa martirio; e infatti testimonianza in greco si dice *martyrion* [...]. Dalla testimonianza al martirio il passo è breve, anzi è proprio questo che dà valore alla testimonianza. San Matteo ci riferisce le parole dell'inizio del *Discorso della montagna*, le *Beatitudini*, che si concludono così: «Sarete felici quando vi perseguiteranno e mentendo diranno ogni sorta di male di voi per causa mia. Rallegratevi ed esultate perché grande è la vostra ricompensa nei cieli» (Mt 5,11). Per il discepolo testimone è proprio quello il segno più vero che la sua testimonianza è una testimonianza valida[6].

Proseguendo nella sua relazione, il sacerdote siciliano torna a citare san Paolo:

> Il testimone è testimone di una presenza del Cristo presente dentro, anzi dovrebbe diventare trasparenza di questa presenza. E testimonia la presenza di Cristo attraverso la sua vita, vissuta proprio con questo desiderio costante di vivere in una comunione

[6] I brani citati sono tratti da F. Deliziosi, *Don Puglisi*, pp. 227-228.

perfetta con lui, sempre più profonda con lui, in una fame e sete di lui. Ricordate San Paolo: «Desidero ardentemente persino morire per essere con Cristo». Ecco, questo è un desiderio che diventa desiderio di comunione che trascende persino la vita, che va al di là della vita stessa. Anzi quasi può sembrare una porta chiusa da aprire per potere aprirsi a questo splendore di comunione con lui[7].

E per non lasciar ombra a equivoci di sorta, aggiunge che il discepolo di Cristo deve

essere testimone soprattutto per chi, nel profondo, conserva rabbia nei confronti della società che vede ostile. A lui il testimone deve infondere speranza mostrando – insieme all'annunzio della presenza del Signore che ama – fiducia e donando fiducia... Facendo comprendere che la vita vale se donata, la vita vale non se riceviamo, ma se diamo, dando come esempio Cristo che ha donato la sua vita. E quindi spingendoci verso un futuro di amore e di servizio[8].

Infine, un pensiero per i giovani, uno per i poveri e un'autocritica sui sacerdoti:

A chi è disorientato il testimone della speranza indica non cos'è la speranza, ma chi è la speranza. La speranza è Cristo e il testimone lo indica logicamente attraverso una propria vita orientata verso Cristo. Molti giovani purtroppo continuano a non avere senso della propria vita perché non hanno trovato in noi questo orientamento preciso, chiaro nei confronti e verso di Cristo [...]. Testimone della speranza è colui che, attraverso la propria vita, cerca di lasciar trasparire la presenza di colui che è la sua speranza, la speranza – in assoluto – in un amore che cerca l'unione definitiva con l'amato. E intanto il testimone gli manifesta questo amore nel servizio a lui, visto presente nella Parola e nel Sacramento, nella comunità e in ogni singolo uomo, specialmente nel più povero, finché si compia per tutti il suo Regno e lui sia tutto in tutti. Il testimone manifesta, insomma, quel desiderio ardente di un amore che ha fame della presenza del Signore[9].

[7] Ivi.
[8] Ivi.
[9] Ivi.

Una tensione verso la trascendenza e la meditazione, l'impegno e l'azione, che non contraddicono, ma anzi completano il suo carattere, improntato a una giovialità dalla quale sgorgano una sottile ironia e un senso dello humour che diventa strumento di comunicazione capace di abbattere barriere e distanze. Di questi aspetti bisogna tener conto anche in questi pur fugaci cenni biografici, i quali devono dunque aprire una finestra anche sull'umorismo che accompagnava don Pino. Così, ad esempio, quando è nominato parroco a Godrano (paese a mille metri di altezza) esclama: «Sono il parroco più altolocato della diocesi».

E quando, invece, viene trasferito a Brancaccio, sorridendo dice: «Sono diventato il parroco del *papa*», alludendo al capomafia Michele Greco che si definiva il «papa della mafia» e abitava nel territorio parrocchiale di San Gaetano, prima di soggiornare nelle patrie galere.

La cifra del suo modo di essere e della sua capacità relazionale è condensata anche in un altro episodio ricordato da molti suoi ex allievi: per un lungo periodo l'unico mezzo di trasporto a disposizione dei suoi gruppi è un vecchissimo pulmino senza più neanche i sedili, sostituiti da bidoni di latta.

Una volta, mentre accompagna una comitiva verso Motta S. Anastasia per un incontro della «Presenza del Vangelo», «3P» si ferma in una stazione di servizio. Corre dentro il bar e torna indietro con un enorme pacco di *chewing gum*. «Su, masticate queste qui, ma sbrigatevi perché mi servono», intima ai suoi giovani, sorpresi e allibiti. Quando si riparte, tutti iniziano a masticare gomma americana. Dopo pochi chilometri, don Puglisi arresta di nuovo la marcia, stavolta sulla corsia d'emergenza. «Ora ridatemi le gomme», chiede con tono perentorio. Si riprende i chewing gum, salta giù dal posto di guida, rimane un po' a trafficare intorno al pullmino, poi risale con aria soddisfatta. «Ma che sta succedendo? », gridano i ragazzi ormai divorati dalla curiosità. E lui, serafico: « Beh… c'era un buco nel serbatoio della benzina e le gomme mi servivano per chiuderlo. Mica potevo masticarle tutte da solo ».

IV.

Palermo: 15 settembre 1993

È tempo di credere alla vita, in tempo di morte.
Commodiano

È il 15 settembre 1993. Piazzale Anita Garibaldi è un formicaio di uomini in divisa. Il corpo esanime del sacerdote viene caricato su un'ambulanza e portato all'ospedale. È tempo di indagini. E di depistaggi. Gli esecutori, infatti, tentano di nascondere la reale natura mafiosa del delitto. L'uso di una pistola calibro 7,65, solitamente non utilizzata per delitti di Cosa Nostra[1], rende evidente il tentativo di deviare l'attenzione sull'azione isolata di balordi.

Fondamentali, da questo punto di vista, le dichiarazioni di Arnaldo La Barbera, all'epoca dirigente della Sezione omicidi della Squadra mobile di Palermo[2], ma so-

[1] Cfr. le affermazioni di Giovanni Drago, riprese nel dispositivo della sentenza contro i correi del killer Salvatore Grigoli, in Congregatio de Causis Sanctorum, Prot. N. 2300 – 5/03, *Panormitana Beatificationis seu Declarationis Martyrii Servi Dei Iosephi Puglisi Sac. Dioecesani in odium Fidei, uti fertur, interfecti* († 1993) *Positio suppletiva super martyrio*, Roma 2006 (di seguito, *Positio suppletiva)*, p. 166: «Si usa una pistola del genere, appunto, per non dire lo stampo di omicidio mafioso, perché di solito... almeno, tutti gli omicidi che ho fatto io, si sono fatti con calibro 38, con 357, oppure con fucili caricati a pallettoni, ... mentre la 7,65... non è un'arma specifica per l'agguato mafioso, per come si prevedeva allora».

[2] *Positio suppletiva*, p. 49: «All'udienza del 5 novembre 1997, il teste ha ricordato che erano state battute tutte le possibili piste investigative ad ampio spettro. "... In sostanza le prime attività investigative furono indirizzate sia all'analisi

prattutto le conclusioni della requisitoria del pubblico ministero Matassa[3]. Anche il furto del borsello è uno stratagemma finalizzato a dirottare le indagini e la ricerca del movente dell'omicidio come risultato di un tragico tentativo di rapina a mano armata: meglio non lasciare tracce che lo rendessero chiaramente attribuibile alla mafia[4]. Spatuzza e Grigoli si spartiranno quanto trovano nel borsello[5]. Del resto, come si scoprirà in seguito, l'esecutore materiale, Salvatore Grigoli, non è neanche membro effettivo della mafia: non ha mai avuto accesso alle informazioni riservate e intime. Il sicario viene usato da Cosa Nostra, che gli commissiona quarantasei omicidi, sempre attraendolo con la prospettiva di una carriera mafiosa che non giunge mai[6]. Inizia a collaborare con la giustizia solo

di una serie di informative, cioè sviluppare delle notizie che erano state fornite e soprattutto a un'ipotesi di rapina"».

[3] Cfr. Congregatio de Causis Sanctorum, Prot. N. 2300 – 5/03, p. 80: «Il Graviano fece sapere che l'omicidio non doveva apparire come un omicidio di mafia bensì come l'opera di un tossicodipendente o di un rapinatore. Per tale motivo fu utilizzata una pistola calibro 7,65 silenziata e al sacerdote fu sottratto il borsello». Cfr. anche il dispositivo della sentenza a carico dei correi del killer Salvatore Grigoli, in *Positio suppletiva*, p. 99: «Le rivelazioni del Grigoli si rivelavano particolarmente importanti: l'uso della pistola 7,65 silenziata, la simulazione di una rapina per tenere basso il livello di attenzione delle Forze dell'Ordine, la sottrazione del borsello, cosa che destò notevole interesse investigativo nelle prime battute: si era addirittura inizialmente pensato all'azione di un tossicodipendente, all'azione di un rapinatore isolato».

[4] Questa, nella testimonianza di Grigoli, è l'unica ragione dell'uso di una pistola di piccolo calibro per l'omicidio Puglisi: sviare le indagini verso un omicidio a seguito di rapina, quindi non mafioso. Inoltre Grigoli usava abitualmente pistole di quel tipo, secondo la testimonianza di Emanuele Di Filippo; *Positio suppletiva*, p. 243. Altre interpretazioni per spiegare l'uso di una pistola di piccolo calibro sono destituite di fondamento.

[5] «Divisero le [mie] vesti» (cfr. Mt 27,35): a Gesù ritenuto un impostore fu tolta la veste e non la divisero per non deturparla, ma la tirarono a sorte. A don Puglisi, ritenuto un infame spione, fu tolto il borsello e il suo contenuto fu diviso fra Spatuzza e Grigoli.

[6] Anche gli altri collaboratori di giustizia del processo, e cioè Emanuele Di Filippo, Pasquale Di Filippo, Antonino Calvaruso, Giovanni Ciaramitano, Pietro Romeo, Pietro Carra, Antonino Scarano, Agostino Trombetta condividono questo *status* di basso livello nella struttura mafiosa; riportiamo le efficaci parole dei giudici palermitani: «La nutrita serie di collaboratori indicati rappresenta una

dopo il suo arresto: non si fosse determinato a ciò, probabilmente sarebbe stato ucciso e fatto sparire come testimone scomodo.

In modo significativo, i mandanti dell'omicidio raccontano a Grigoli e ai suoi complici che don Puglisi è una spia della polizia[7]. Questo è il motivo proposto per assassinarlo. Ma è una menzogna che serve a giustificare l'assassinio: lo stesso Grigoli, una volta arrestato e «saltato il fosso», fa mettere a verbale che l'omicidio gli viene ordinato da Antonio Mangano (capo del «gruppo di fuoco» mafioso con il quale aveva commesso numerosi omicidi), per ordine di «Madre Natura», soprannome di Giuseppe Graviano, capo della famiglia mafiosa di Brancaccio, che fino ad ora non ha mai collaborato con la giustizia.

La storia giudiziaria dell'omicidio Puglisi è racchiusa in due distinti, ma paralleli e convergenti processi penali.

Il primo, intentato dalla Corte di Assise di Palermo (Sezione seconda) contro Gaspare Spatuzza, Antonio Mangano, Luigi Giacalone e Cosimo Lo Nigro, si conclude con la sentenza resa il 14 aprile 1998 (e depositata il 19 giugno 1998) e la condanna all'ergastolo per concorso in omicidio di tutti gli imputati.

Il secondo si svolge davanti alla Corte di Assise di Palermo (Sezione terza) contro i fratelli Giuseppe e Filippo Graviano – ritenuti i mandanti del delitto – e l'esecutore

generazione di arrampicatori criminali, aspiranti mafiosi delusi che non hanno prestato rituale giuramento e tuttavia sono stati inseriti nelle più importanti attività delittuose dell'organizzazione, al servizio o a disposizione di esponenti della gerarchia mafiosa nell'articolazione locale del sodalizio: essi a un certo momento della loro vita delinquenziale sono stati attratti nell'universo mafioso dal miraggio di acquisire uno *status* di considerazione sociale, di rispetto, di promozione economica, continuando a sviluppare in quel contesto il resto della loro militanza criminale; [...]. *Sono stati per lo più esecutori di ordini utilizzati nelle singole imprese criminose, fuori dai poteri decisionali, eterni aspiranti a rientrare nella ristretta cerchia di quelli che comandano*»: *Positio suppletiva*, Documento 16, p. 447. Corsivo dell'autore.

[7] Si vedano le dichiarazioni di Grigoli in *Positio suppletiva,* Documento 14, p. 210.

materiale Salvatore Grigoli, chiudendosi con la sentenza giunta il 5 ottobre 1999 (depositata il 13 marzo 2000) con la quale Giuseppe Graviano è condannato all'ergastolo e il fratello Filippo a dieci anni di reclusione, mentre Grigoli, reo confesso e collaboratore di giustizia, usufruendo dello sconto di pena previsto per questi ultimi, riporta una condanna a sedici anni. Quindi il 19 febbraio 2001 la Corte d'Assise d'Appello di Palermo (Sezione prima), in parziale riforma della sentenza del 5 ottobre 1999, infligge l'ergastolo anche a Filippo Graviano. Infine, il 7 dicembre 2001 la Corte di Cassazione conferma gli ergastoli comminati ai fratelli Graviano e i sedici anni di carcere inflitti a Grigoli.

Nella documentazione dei processi a carico di mandanti ed esecutori del delitto vi sono testimonianze di mafiosi minori o di fiancheggiatori esterni alla famiglia mafiosa dei Graviano che commentano l'omicidio. Sono importanti perché manifestano il clima morale interno a Cosa Nostra: l'omicidio non è mai condannato come atto malvagio. Al limite se ne contesta l'utilità. Infine, vi sono le testimonianze più rilevanti, che riportano dichiarazioni confidenziali di capi mafiosi. Tra queste, quella del pentito Antonino Calvaruso, che riferisce i commenti di Leoluca Bagarella sull'omicidio:

> Bagarella ne aveva per tutti; criticava i Graviano, nel senso che c'era questo prete nel loro territorio, che faceva questi discorsi, che faceva le manifestazioni contro la mafia, che prendeva questi bambini, cercando di dire loro «non mettetevi con i mafiosi», e comunque operava per cercare di levare la gente dalle mani mafiose: per il Bagarella questo era uno smacco nei confronti dei Graviano, che avevano un personaggio di questo (spessore) che continuava ad adoperarsi contro la mafia, e loro praticamente lo ignoravano. Quindi i Graviano furono pure costretti a dare una risposta anche al Bagarella, che loro non si sarebbero fatti mortificare da un prete[8].

[8] *Positio suppletiva*, Documento 14, pp. 228-229.

Bagarella non è un mafioso qualsiasi. Mentre pronuncia queste parole è al vertice di Cosa Nostra. Parla in un contesto confidenziale. Si lamenta dei Graviano ed esprime le sue critiche. Non fa alcun riferimento alla polizia presente nella parrocchia semplicemente perché non è vero. Risulta in effetti dalle indagini e dalle testimonianze che Cosa Nostra aveva stretto intorno alle attività di don Puglisi una rete di informatori: sapevano benissimo che non c'erano poliziotti[9].

Per Bagarella uccidere Puglisi è assolutamente necessario. Il capo mafioso insiste con i Graviano: li criticherà poi perché lo hanno eliminato troppo tardi, quando la sua uccisione diviene controproducente per Cosa Nostra.

Dunque, i Graviano, autorizzati da Bagarella, pongono in essere, in un primo tempo, una serie di minacce: la foratura della ruota dell'automobile, l'incendio del portone della chiesa di San Gaetano, i silenzi telefonici, la ferita al labbro. Avvertimenti specifici, anche nella loro scansione temporale, che manifestano un crescendo di pericolosità. Dal momento che tali minacce trovano in Puglisi una inattesa resistenza, i Graviano, carichi di odio e sentendosi umiliati da un prete che esercitava semplicemente il suo ministero sacerdotale, per difendere la propria reputazione mafiosa ne decretano la morte.

[9] La parrocchia e il Centro «Padre Nostro» erano oggetto della attività di numerose spie di Cosa Nostra: suor Carolina Iavazzo racconta di due giovani inviati da Cosa Nostra per spiare, fingendosi disposti a lavorare come volontari nel centro. C. Iavazzo, *Figli del vento. I ragazzi di Brancaccio*, San Paolo, Cinisello Balsamo (MI) 2007, pp. 19-20; 101-102; cfr. *Positio suppletiva*, Documento 14, p. 172.

V.

I perché di una condanna a morte

La mafia, lo ripeto ancora una volta, non è un cancro proliferato per caso su un tessuto sano. Vive in perfetta simbiosi con la miriade di protettori, complici, informatori, debitori di ogni tipo, grandi e piccoli maestri cantori, gente intimidita o ricattata, che appartiene a tutti gli strati della società. Questo è il terreno di coltura di Cosa Nostra, con tutto quello che comporta di implicazioni dirette o indirette, consapevoli o no, volontarie o obbligate, che spesso godono del consenso della popolazione.

Giovanni Falcone

Sotto il profilo investigativo e giudiziario, le sentenze parlano chiaro: è stata la mafia a uccidere don Puglisi. Ma perché uccidere un prete, e perché proprio lui? E, soprattutto, uccidendo lui si volle colpire solo l'uomo o anche (e anzitutto) la fede di cui il suo ministero pastorale era intriso?

Il quesito non è dei più semplici. Ci aiuta nella ricerca di una risposta immediata papa Benedetto XVI, per il quale le strategie che il persecutore del nostro tempo adotta contro la Chiesa celano i reali motivi dell'odio di fede sotto il pretesto di motivazioni politiche o sociali[1].

[1] Benedetto XVI, nella lettera al Prefetto della Congregazione delle Cause dei Santi, Cardinale José Saraiva Martins, in occasione della Sessione Plenaria del 24 aprile 2006, in ordine al martirio nella storia contemporanea, afferma, tra l'al-

Nella storia dei martiri c'è sempre un *hic et nunc*, un momento storico irripetibile nel quale essi sono chiamati a rendere testimonianza: l'odio rivolto contro di essi dipende da situazioni mutevoli e spesso improvvise che influiscono sull'animo dei persecutori. Peraltro, è del pari improprio dedurre che l'assenza di atti violenti contro i cristiani possa essere indice in generale dell'assenza di odio alla fede in determinati ambienti: esistono fenomeni storici nei quali l'odio verso la fede cristiana si accumula per poi scatenarsi in situazioni definite[2]. Lo riconosce anche Andrea Riccardi, per il quale

> sono mutati i contesti culturali del martirio e le strategie *ex parte persecutoris*, che sempre meno cerca di evidenziare in modo esplicito la sua avversione alla fede cristiana o a un comportamento connesso con le virtù cristiane, ma simula differenti ragioni, per esempio di natura politica o sociale[3].

Dal generale al particolare: il caso Puglisi. Tra la fine degli anni Ottanta e l'inizio dei Novanta il sacerdote palermitano si trova, senza saperlo, nella tana del lupo: il mandamento di Brancaccio è gestito dai Graviano sotto il diretto controllo di Bagarella, al vertice di Cosa Nostra. La piovra mafiosa vive in quella precisa fase storica un delirio di onnipotenza. I suoi capi credono di poter fare

tro, la necessità di far luce sui «mutati contesti culturali» e sulle «strategie» del persecutore, «che sempre meno cerca di evidenziare in modo esplicito la sua avversione alla fede cristiana o ad un comportamento connesso con le virtù cristiane, ma simula differenti ragioni, per esempio di natura politica o sociale»: in *Acta Apostolicae Sedis*, 98 (5 maggio 2006), pp. 397-401.

[2] Solo per citare un esempio, l'odio alla fede dei persecutori dei nove martiri Scillitani (180 d.C.) non è mai stato messo in dubbio dalla assenza di precedenti persecuzioni contro i cristiani della Numidia. Ovviamente, non si ritenne neanche mai di considerare negativamente le migliaia di cristiani della loro Chiesa che non vennero fatti oggetto di persecuzione. Storicamente parlando, il persecutore agisce in base a condizioni e a spinte diverse e irripetibili, che muovono il suo odio alla fede.

[3] A. Riccardi, in Congregatio de Causis Sanctorum, Prot. N. 2300 – 5/03, *Panormitana Beatificationis seu Declarationis Martyrii Servi Dei Iosephi Puglisi Sac. Dioecesani in odium Fidei, uti fertur, interfecti* († 1993). Risposte della Postulazione alla sessione ordinaria del 12 dicembre 2006, Roma 2012, p. 204.

qualsiasi cosa: intimidire lo Stato, colpire la cattedrale di Roma, impedire la reazione della società civile con il terrore. Bagarella ritiene di poter rispondere all'azione repressiva dello Stato con la violenza terroristica, con gli omicidi eclatanti (come il rapimento e lo scioglimento nell'acido del piccolo Di Matteo, figlio di un collaboratore di giustizia), con l'apparato «militare» di Cosa Nostra. Proprio in quel mentre, sotto le finestre di casa di alcuni dei suoi collaboratori più stretti, i Graviano, arriva un parroco, un siciliano, per giunta del quartiere Brancaccio (quindi capace di capire e di farsi capire), che vuole educare i bambini al bene, che parla di perdono e di conversione, che vuole liberare la gente da una sovranità criminale esercitata senza pietà, che predica la sacralità della vita umana. Per Bagarella è il colmo della misura.

Nel caso di Puglisi, quindi, convergono fattori decisivi e irripetibili: la vicinanza del capo di Cosa Nostra, la prossimità temporale della visita di papa Giovanni Paolo II in Sicilia e l'efficacia del suo messaggio, la particolarità della situazione sociale del quartiere di Brancaccio, l'aperta e inaspettata reazione dell'opinione pubblica di Palermo riguardo Cosa Nostra. A questi fatti vanno evidentemente aggiunti, come ulteriori, determinanti elementi, la forte presa della testimonianza cristiana del parroco di San Gaetano, i primi frutti del suo lavoro, il fascino che la sua proposta cristiana esercita sui giovani e sui bambini, il modello che egli rappresenta per la Chiesa, per Palermo e per la Sicilia.

Uccidendo Puglisi, dunque, si vuole mettere a tacere un avversario e intimidire la Chiesa[4]. Per farlo, viene eliminato uno dei preti migliori, quindi – secondo la perversa logica mafiosa – il più pericoloso: Giuseppe Puglisi, un prete sicilia-

[4] In questo senso vanno lette anche le dichiarazioni del cardinale Camillo Ruini nella prolusione al Consiglio Permanente della CEI tenutosi pochi giorni dopo l'uccisione di don Puglisi, riportate anche in *Positio suppletiva*, p. 109.

no, palermitano di Brancaccio, obbediente, povero, buono, coraggioso, impossibile da infangare, impossibile da zittire.

Questo è il contesto in cui va analizzata la vicenda di don Pino Puglisi. Per farlo, occorre partire dalla costituzione conciliare *Gaudium et spes* che, oltre ad affermare (n. 19) che «con il termine di "ateismo" vengono designati fenomeni assai diversi tra loro», fa notare che «l'ateismo ha origine non di rado [...] dall'aver attribuito indebitamente i caratteri propri dell'assoluto a qualche valore umano, così che questo prende il posto di Dio».

E ciò accade non soltanto quando ci troviamo di fronte a pensatori e intellettuali di matrice umanistica o scientifica. Possiamo anzi affermare che nella stragrande maggioranza dei casi, parlando dell'uomo comune, esistono numerosissime persone atee pratiche. Uomini e donne, cioè, che conducono la loro vita come se Dio non ci fosse perché totalmente catturati da un sistema di valori/disvalori dai quali Dio è assente.

I mafiosi appartengono a questo gruppo di persone e possono essere definiti seguaci del cosiddetto «ateismo pratico» perché di fatto, nella prassi, collocati in un sistema di valori «altri», vivono senza Dio. Anzi, e ciò è ancora più subdolo, essi vivono un'esistenza nella quale a parole non si nega Dio, ma nei fatti continuamente se ne calpesta la Legge: non uccidere, non rubare, non dire falsa testimonianza, solo per citare alcuni comandamenti solitamente disattesi dai membri della mafia.

L'organizzazione mafiosa ha nel silenzio omertoso e nella rigida gerarchia dei rapporti tra vertice e base uno dei principali sostegni della propria forza e del proprio potere. Se quindi agli esecutori materiali dell'assassinio arriva chiaro l'ordine di morte, manca loro ogni contezza della motivazione che sorregge la decisione del vertice[5].

[5] Appare opportuno ripetere quanto dice l'omicida, riportato in *Positio suppletiva*, pp. 214-215: «Il suo "capo" [A. Mangano] gli aveva comunicato che doveva essere compiuta questa impresa delittuosa; gli aveva detto: "Si deve fare

Tutto è volutamente nebuloso e incerto, perché da ciò dipendono anche la futura linea difensiva in caso di arresto, la possibilità di sfuggire del tutto alla giustizia e, in fin dei conti, pure l'opportunità di sottrarsi alle vendette mafiose.

Insomma, il silenzio costituisce garanzia di impunità: come animali che si sanno braccati non solo dalla polizia ma dai loro stessi compari, i mafiosi cercano di non lasciare traccia perché non si scopra il proprio ruolo colpevole e, soprattutto, perché non si fidano dei loro complici, giacché, a differenza di quanto sancisce il rito di affiliazione, il sistema è fondato sulla continua violazione della lealtà, con il tradimento come strategia di tutela dell'interesse personale e di crescita del proprio potere.

Ma allora, che «roba» è Cosa Nostra? Oggi, dopo decenni di inchieste, di sentenze (moltissime delle quali aventi forza di giudicato), di studi, è possibile affermare: è una società segreta, con scopi criminali tesi alla ricerca di arricchimento e potere per i suoi membri, in particolare per i suoi capi. Ha una sua ideologia, una sua mitologia, *ad extra* e *ad intra*, con tattiche mimetiche funzionali ai suoi obiettivi criminali[6].

Ma la mafia non è solo un'organizzazione criminale tesa, al pari di tante altre, a realizzare i propri illeciti interessi con mezzi altrettanto illeciti, dal momento che si configura come una vera e propria forma di religiosità capovolta, di sacralità atea. Eccone gli elementi.

A. Il "battesimo" mafioso

Cominciamo dal rituale d'iniziazione attraverso cui ci si affilia, da sempre, a Cosa Nostra. In ogni grossa organizza-

questo omicidio", aggiungendo, come le altre volte: "... Sai 'Madre Natura' ha mandato a dire di fare questa cosa"».

[6] Un'utile rassegna sulle analisi storiche della mafia precedenti agli anni Novanta è in R. Spampinato, *Per una storia della mafia*, in M. Aymard - G. Giarrizzo (a cura di), *La Sicilia*, Einaudi, Torino 1987, pp. 883-902.

zione criminale i candidati si sottopongono a delle prove e si tende a formalizzare in qualche modo la loro adesione. Ma quello che avviene nel caso dell'affiliazione mafiosa non ha paragoni. Lo notava Giovanni Falcone: «Entrare a far parte della mafia equivale a convertirsi a una religione»[7].

Non a caso l'iniziazione del nuovo adepto è un rito in cui «ricorrono immancabilmente alcuni elementi collegati al rituale religioso del battesimo»[8]. E in questi termini lo descrive già il *Giornale di Sicilia* del 21 agosto 1877:

> Le forme d'inizio e di battesimo sono gravi e solenni [...]. L'iniziato si inoltra nella sala e si ferma in piedi innanzi a una tavola sovra cui trovasi spiegata l'effigie di un santo [...]. Offre ai due compari la sua mano destra e i due compari punzecchiando per mezzo di un ago il polpastrello del pollice destro ne fanno stillare tanto sangue che basti a bagnarne l'effigie del santo. Sopra codesta effigie insanguinata, l'iniziato presta il suo giuramento [e fa] bruciare alla candela accesa di rito [*sic*] la santa effigie insanguinata, e l'iniziato ha così preso il suo battesimo ed è salutato compare.

Molti anni dopo Giovanni Brusca, descrivendo davanti ai giudici il proprio rito d'iniziazione, dice che Salvatore Riina fu per lui, in quell'occasione, «il padrino di battesimo»[9].

Non è solo una sceneggiata: c'è dietro una sorta di teologia. Nel rito iniziatico il candidato

> viene simbolicamente invitato ad abbandonare la propria precedente condizione di vita, con la prospettiva di acquisirne una nuova e diversa, caratterizzata da prestigio e potere. Quando Leoluca Bagarella annuncia all'amico Tony Calvaruso il suo ingresso in Cosa Nostra, gli dice: «Tu non fai più parte di questo mondo... perché il nostro mondo è tutto un mondo particolare» [...].

[7] G. Falcone, *Cose di Cosa Nostra*, a cura di M. Padovani, Rizzoli, Milano 1991, p. 97.

[8] A. Dino, *La mafia devota. Chiesa, religione, Cosa Nostra*, Laterza, Roma-Bari 2010, p. 46.

[9] Cfr. A. Dino, *La mafia devota*, p. 46.

Nell'immaginario dell'universo mafioso, la parvenza di sacralità giustifica e sorregge l'idea che attraverso il rito della combinazione si venga introdotti a una nuova vita, a una nuova identità»[10].

Poi è chiamato a

una «mutazione ontologica del [suo] regime esistenziale» [...]. L'iniziazione, infatti, è un rito di passaggio: si entra dentro, ma soltanto dopo aver obliterato il proprio essere pregresso. Si muore (simbolicamente) alla vita profana per rinascere uomini nuovi»[11].

B. La «religione» di Cosa Nostra

Ma qual è la religione mafiosa? Già della mafia ottocentesca si è potuto affermare che «non si tratta unicamente di un'accumulazione della roba fine a se stessa. C'è un culto della terra, una vera e propria religione della terra e del sangue, che è probabilmente la sola religione a cui è devota la sanguinaria mafia dei giardini»[12].

Ma più appropriato a definire l'essenza di questa religione è forse il qualificarla come culto del potere e del prestigio che ne deriva. Nell'universo mafioso il potere è più importante della ricchezza economica e di qualsiasi altra cosa: «*U cumannari è megghiu 'ru futtiri*», recita un detto siciliano, «il piacere del comando supera quello sessuale».

La fondamentalità dell'onore nella struttura dell'azione mafiosa fa sì che il movente economico puro e semplice – inteso sia nei termini della volgare sete di guadagno che in quelli della religione dell'accumulazione – non riesca ad affermarsi come il supremo regolatore dei rapporti e delle posizioni sociali[13].

[10] Ivi, p. 54.
[11] F. Armao, *Il sistema mafia. Dall'economia del mondo al dominio locale*, Bollati Boringhieri, Torino 2000, pp. 74-75.
[12] V. Ceruso, *Le sacrestie di Cosa Nostra. Inchiesta su preti e mafiosi*, Newton Compton, Roma 2007, pp. 26-27.
[13] P. Arlacchi, *La mafia imprenditrice. L'etica mafiosa e lo spirito del capitalismo*, Il Mulino, Bologna 1992, p. 70.

Anche ora che «l'approdo verso l'imprenditorialità ha significato l'assunzione della moderna cultura del successo [...], è la ricerca della potenza e non la sete di lucro che caratterizza, in ultima analisi, il mafioso imprenditore»[14].

È questa una delle note che più chiaramente distinguono la mentalità del mafioso da quella del comune delinquente. A proposito di Michele Navarra, capo della mafia di Corleone prima che, negli anni Settanta del secolo scorso, Luciano Liggio prendesse il suo posto, facendolo uccidere in un agguato, la Commissione Antimafia osserva:

> La scarsa consistenza patrimoniale dimostra come Navarra più che al denaro in quanto tale abbia sempre mirato al potere [...]. Egli spendeva spesso più di quanto introitava dalla sua attività sia di medico che di mafioso[15].

Di suo fratello, capo della mafia catanese, che riceveva ogni giorno gente che veniva a chiedergli favori di ogni genere, il pentito Calderone ricorda con fierezza che «non ha mai preso una lira per queste sue attività [...]. Nessuno doveva parlare di soldi in sua presenza, quando gli veniva a chiedere un favore. Pippo avrebbe buttato fuori chi lo avesse fatto»[16].

La religione del boss mafioso comporta una rigorosa ascesi. Per sfuggire alla cattura, senza rinunziare però al controllo del suo territorio, e dunque escludendo l'ipotesi della fuga all'estero (dove potrebbe vivere da nababbo con le immense fortune illecitamente accumulate), spesso egli vive, come è stato nel caso di Bernardo Provenzano, in condizioni logistiche estremamente precarie. Gli basta sapere che la vita di altri uomini è nelle sue mani e che egli ne dispone a proprio arbitrio. Leoluca Bagarella ha detto

[14] Ivi, p. 144.
[15] Ivi, p. 71.
[16] P. Arlacchi, *Gli uomini del disonore. La mafia siciliana nella vita del grande pentito Antonino Calderone*, Mondadori, Milano 1992, p. 153.

più di una volta a un suo aiutante, poi pentito: «Io ho la possibilità domani mattina di decidere se una persona dovrà vedere o meno il sole [...]. Tu lo capisci che io sono simile a Dio?»[17].

Si tratta dunque di una religione capovolta, di sacralità atea.

> Per dimostrare la pertinenza del sostantivo, valgano le analogie sopra indicate fra l'affiliazione mafiosa e il battesimo cristiano: quella della mafia non è una tendenza intellettuale, un'opzione culturale fatta da singoli, ma una scelta radicale, totalizzante, che pretende di trasformare e possedere l'individuo nel suo stesso essere in funzione di un Assoluto a cui egli deve darsi. Ma quando si va a vedere quale sia questo Assoluto, si scopre che esso si identifica col potere a cui, da boss, è pervenuto, o a cui, da semplice gregario, deve obbedire ciecamente[18].

C. Una fede atea

Alla luce di quanto detto, si può giustificare il giudizio che uno storico della Chiesa, profondo conoscitore del fenomeno mafioso, dava a proposito della «filosofia» di Cosa Nostra: «La mafia produce una cultura di fatto atea, che è antitetica con il Vangelo, perché mette un uomo o una organizzazione al posto di Dio»[19].

Sulla stessa linea un noto teologo moralista: «Possiamo dire con tutta tranquillità teologica che la mafia è qualcosa di radicalmente anti-Dio», perché in essa «la pretesa del potere dell'uomo sull'uomo è esplicita»[20].

[17] G. Lo Verso - G. Lo Coco, *I collaboratori di giustizia. Chi sono oggi, chi erano come mafiosi*, in Aa.vv., *La psiche mafiosa. Storie di casi clinici e collaboratori di giustizia*, Franco Angeli, Milano 2006, p. 123.

[18] G. Savagnone, *Risposte della Postulazione*, p. 252.

[19] F.M. Stabile, *Uno storico della Chiesa*, in A. Cavadi (a cura di), *Il Vangelo e la lupara. Materiali su Chiese e mafia*, II, EDB, Bologna 1994, p.100.

[20] E. Chiavacci, *La mafia alla luce della parola di Dio*, in A. Cavadi (a cura di), *Il vangelo e la lupara*, I, p. 149.

Spesso si è stati colpiti dall'apparente collegamento dei rituali mafiosi con l'universo spirituale del cristianesimo popolare e dalla ostentata religiosità di molti boss (frequentazione della Bibbia, altarini, immaginette di santi, professioni di adesione alla fede cattolica). Del resto, almeno fino alla fine degli anni Ottanta, nell'ottica generale e fatte salve molte coraggiose eccezioni, la religione cattolica, come acutamente osserva Stabile,

> era talmente inculturata nella società locale che anche il clero spesso finiva per perdere lo specifico della fede come sequela di Cristo e del Vangelo, limitandosi ad avallare il comune senso etico popolare e a salvaguardare la coralità della ritualità collettiva di una religione che possiamo definire municipale. La mediazione era affidata ai santi patroni che costituivano una parte essenziale dell'identità locale piuttosto che alla appartenenza a una comunità di fede, cioè la Chiesa.

E ancora:

> I mafiosi, che non contestavano verità di fede, verso le quali erano totalmente indifferenti, mostravano però interesse per le manifestazioni religiose, che venivano strumentalizzate ai fini del riconoscimento sociale. Ritenevano infatti di poter conciliare la partecipazione alla ritualità religiosa con la cultura e la prassi antievangelica della mafia perché non trovavano opposizione da parte della società locale e chiarificazione e denuncia da parte dello stesso mondo ecclesiastico[21].

Insomma, è innegabile che la mafia offrisse e offra anche oggi una sua *facies* religiosa, non solo perché presenta una propria ritualità da cui nasce un'organizzazione verticale e orizzontale, basata su una fedeltà assoluta pena la «scomunica» e l'immolazione fisica; ma anche perché spesso attinge ad aspetti etici e religiosi della tradizione cattolica «che di per sé non sono mafiosi ma che, di fatto,

[21] Entrambe le citazioni da F.M. Stabile, in *Risposte della postulazione*, pp. 148-149.

sono stati assunti e metabolizzati dalla visione del mondo mafiosa»[22].

Ciò conferma un dato inequivocabile. Al di là di una peraltro sottile patina di apparenze, la mafia non ha nulla di cristiano:

> Sono convinto, contrariamente a quanto si crede, che la mafia sia strutturalmente una grave forma di ateismo. Utilizza anche immagini, simboli, tratti dal codice culturale religioso, ma resta essenzialmente atea [...]. La mafia è una forma di ateismo perché colloca un uomo – o un gruppo di uomini – come detentore della totalità del potere e del sapere. In altri termini, non accetta che vi sia un'istanza più alta al di fuori di essa [...]. Uno solo ha il diritto di decidere, di agire [...]. Ma questo è contro il Vangelo, contro la dignità della persona umana, contro la libertà dei figli di Dio[23].

Qualcuno potrebbe obiettare che ogni delitto contro la persona umana implichi un rifiuto del Dio di cui l'uomo è immagine. Sarebbero dunque atei tutti gli assassini? L'osservazione è utile: ogni violazione della legge di Dio, specie se grave come l'omicidio, comporta implicitamente una negazione della sua signoria e, al limite, della sua stessa esistenza. Quello che caratterizza il mafioso, rispetto a tutti gli altri trasgressori della volontà divina, è che egli apertamente consegna totalmente se stesso, con una libera e consapevole scelta, a un altro assoluto, di cui il Dio di Gesù Cristo diventa una maschera e uno strumento:

> In questo contesto, non è raro sentire in bocca a un boss l'espressione: «*Io sugnu u to diu*» (io sono il tuo dio) per indicare la priorità e l'eminenza del proprio ruolo rispetto agli altri, con potere assoluto nei confronti dell'organizzazione e dei propri nemici; il vertice si impone (ed è accettato) come il padrone indiscusso, le cui decisioni valgono per tutti; egli è il giudice supremo[24].

[22] A. Cavadi, *Il dio dei mafiosi*, San Paolo, Cinisello Balsamo 2009, p. 97.
[23] Ivi.
[24] C. Scordato, *Risposte della Postulazione*, p. 163.

Quella della mafia, quindi, non è solo la manifestazione di ateismo pratico, come nel caso di tanta gente che vive come se Dio non esistesse, ma di una filosofia (naturalmente espressa in termini non tecnici, ma egualmente netti e inequivocabili), o meglio di una religione, con ciò che di totalizzante ha questo termine. Perciò non è esagerato ribadire che «la religione dei mafiosi è una delle tante versioni in cui si configura l'atteggiamento più sostanzialmente irreligioso che l'uomo possa nutrire»[25].

Su tutto questo si sono pronunziati senza mezzi termini i Vescovi siciliani. Denunciando i presunti, pretestuosi e distorti valori propri della mentalità mafiosa, essi hanno sottolineato che in essa l'interesse della «famiglia» (cioè del gruppo criminale)

> viene posto in cima a tutto, a costo di lacrime e sangue [...]. Per questa ragione tutti coloro che, in qualsiasi modo, fanno parte della mafia o ad essa aderiscono o pongono atti di connivenza con essa, devono sapere di essere e di vivere in insanabile opposizione al Vangelo di Gesù Cristo e, per conseguenza, di essere fuori della comunione della sua Chiesa. Né potrà ritenersi escluso da questo giudizio chi, trovandosi in una delle suddette condizioni, pretendesse di coonestarla con atti esteriori di devozione o con elargizioni benefiche. Al limite, siffatte manifestazioni dovranno essere considerate strumentali e perciò false ed esse stesse peccaminose[26].

Afferma a riguardo senza mezzi termini anche il cardinale Salvatore De Giorgi, già arcivescovo di Palermo: «Come Pastore, che non ha mai taciuto sulla gravità di questo flagello, sento il dovere di ribadire, a scanso di facili e pericolosi equivoci, che la mafia è incompatibile col Vangelo, con la fede cristiana e con l'autentica religiosità»[27].

[25] F.M. Stabile, *Uno storico della Chiesa*, p. 93.

[26] Conferenza Episcopale della Sicilia, *Nuova evangelizzazione e pastorale. Orientamenti pastorali per le Chiese di Sicilia*, 13 aprile 1994, n. 12.

[27] S. De Giorgi, *Un'insanabile opposizione al Vangelo*, in *Segno-mensile*, n. 188-189/Settembre-Ottobre 1997, pp. 91-92.

Utile e interessante, circa l'ateismo della mafia, può risultare anche uno stralcio dalla sentenza pronunciata il 13 febbraio 2001 dalla prima Sezione della Corte d'Assise d'Appello di Palermo, presieduta dal giudice Innocenzo La Mantia:

> Qualcosa di ambiguo c'è in questa presunta religiosità dei mafiosi. E l'ambiguità diventa contraddizione ove si esaminano attentamente alcune manifestazioni...
> Bisogna ammettere che l'Essere Supremo in cui i veri cristiani credono non sia lo stesso in cui crede un mafioso: se le parole e certi atteggiamenti esteriori sono simili, infatti, diversi sono i contenuti della fede e le scelte esistenziali. Orbene, quella dei mafiosi non è e non può essere una religiosità cristiana, sibbene una religiosità senza Dio. È una religiosità senza Vangelo, perché il Vangelo di Gesù è quello delle Beatitudini, è il Vangelo che proclama beati i poveri, i non violenti, i costruttori di pace, i perseguitati, coloro che cercano la giustizia e sono capaci di misericordia, coloro che sono pronti a sacrificarsi per difendere la dignità degli uomini, come il povero buon Padre Puglisi, il cui martirio è il prezzo della fedeltà a Cristo in ogni tempo...
> Che cosa c'è allora della fede cristiana in questa asserita religiosità dei mafiosi? Nulla! Si tratta di una religiosità senza Dio, di un ateismo religioso. Come tale è del tutto estraneo al vero cristianesimo e, conseguentemente, ben compatibile con la truce aggressione in danno di un messaggero di Cristo[28].

Riportiamo, a opportuno completamento, un altro passo della stessa sentenza:

> Don Puglisi non riconobbe il dominio della mafia; non si chinò davanti a nessuno. Si batté per la sua gente anche di fronte alle Autorità pubbliche. Ma ciò avveniva perché dentro aveva radicato un forte spirito evangelico. Non era un retore iscritto nelle liste antimafia. Non faceva della lotta alla mafia lo scopo del suo ministero: egli desiderava condurre la sua comunità a una vita evangelica che fosse alternativa alla mentalità e agli interessi dominanti che non erano certamente quelli dell'uomo e della sua dignità. La lotta alla mafia, come cultura e prassi antievangelica,

[28] *Risposte della postulazione*, p. 37 (nota 31).

nasceva dal desiderio di chiarificazione e di purificazione del senso religioso del popolo, per approdare a una comunità di fede di uomini liberi[29].

Così descritte la mafia e la sua natura atea, resta da chiedersi e da indagare se don Pino Puglisi sia rimasto vittima della sua attività di promozione e giustizia umana o, piuttosto, del suo essere uomo di fede inviso agli avversari della fede.

Appena arrivato a Brancaccio l'approccio di Puglisi è lontano da fini politici. La sua preoccupazione maggiore sono i bambini, che vede abbandonati, lontani dalla scuola, educati al furto e alla violenza.

Scrive in una lettera per chiedere sostegno al suo Centro «Padre Nostro»:

> Vi sono nell'ambiente molte famiglie povere (una famiglia con nove bambini vive in una «casa» di una sola stanza umida e buia); anziani malati e soli (uno, alcuni mesi fa, è stato trovato morto dopo tre giorni); parecchi handicappati mentali e/o fisici; ragazzi e giovani disorientati, senza valori veri, senza un senso della vita; tanti fanciulli e bambini quasi abbandonati a se stessi che, avendo l'obbligo scolastico, sono preda della strada, ove imparano devianza e violenza (scippi, furti più o meno piccoli e, forse, miniprostituzione)[30].

I bambini del quartiere costituiscono una sorta di vivaio dal quale Cosa Nostra trae la sua manovalanza, quelli che vengono chiamati i «soldati». La strada, unico luogo di aggregazione, è il regno di piccoli e grandi boss, guardati con ammirazione dai più giovani, che in cuor loro si ripromettono di fare altrettanto da grandi.

Puglisi intende spezzare questo meccanismo perverso: non lasciare i piccoli nelle mani della cultura e della rete

[29] Ivi.
[30] *Lettera ai "Cari Amici"*, in *Positio, Summarium (Scritti del Servo di Dio)*, p. 18.

mafiosa. Tale atteggiamento lo espone inizialmente a non poche critiche: con il suo metodo pastorale basato sui rapporti personali, sui colloqui, sul contatto diretto con le persone, con la priorità data all'azione educativa verso i minori, appare paradossalmente troppo legato a schemi che qualcuno definisce superati.

A Brancaccio si muove con disponibilità, ma anche con un decisionismo che può sorprendere solo chi non lo conosce bene e crede di vedere, nel suo aspetto dimesso e nei suoi modi gentili, la divisa di un uomo remissivo. Puglisi ha punte di vera fermezza quando ritiene che vengano toccati gli aspetti fondanti della sua vita di cristiano e di prete. D'altro canto, non è un prete antimafia: è esclusivamente un parroco che vive accanto al suo gregge e per esso. Il suo apostolato ha il sapore della *cura animarum* di tridentina memoria, aggiornata ai tempi del suo vissuto. Sul terreno del ministero, centrale è per lui la figura di Gesù Cristo, modello di ogni sacerdote che, proprio per questo motivo, deve sentirsi *alter Christus*, privilegiando l'attenzione alle anime piuttosto che le contrapposizioni ideologiche, cercando così di immettere valori cristiani in un ambiente ad alto tasso mafioso. In lui l'impostazione tridentina, conosciuta e assorbita negli anni della formazione, si fonde con la figura nuova di prete emersa dal concilio Vaticano II, che quel modello trasforma e vivifica in una nuova luce spirituale[31].

Meno rigore, meno «frusta», meno irrigidimento teologico, ma più spazio per l'aggiornamento e per il rapporto con l'uomo-persona. Di questo armonico equilibrio

[31] «Puglisi non faceva politica né pubblicità. Non c'era nulla di esibito in questo prete del Concilio, uomo di preghiera e d'interiorità, concentrato sulla pastorale [...]. Don Puglisi era un prete che si è abbeverato alla fonte del concilio Vaticano II [...]. Dopo il Concilio, il mondo dei preti ha conosciuto un travaglio. Anche i laici lo hanno conosciuto. Ma il Concilio ha aiutato tutti a essere consapevoli della missione della Chiesa [...]». Cfr. Andrea Riccardi, editoriale in *Famiglia Cristiana* del 15 luglio 2012.

sono prova i suoi scritti, le testimonianze, il suo tragico epilogo. L'unica sua preoccupazione è la salvezza delle anime, che passa anche e necessariamente attraverso la promozione della persona umana. Non compie atti clamorosi contro la mafia: nel solco dell'impegno civile, organizza – è vero – una marcia in ricordo dei giudici Falcone e Borsellino, ma non è certamente il solo sacerdote; tra le sue tante proposte pastorali, pure l'invito a cambiare mentalità rispetto anche al contesto mafioso, ma in questo egli non fa altro – come tanti altri sacerdoti siciliani e come lo stesso Arcivescovo di Palermo, il cardinale Salvatore Pappalardo – che mettere in pratica nella sua parrocchia il Vangelo e le indicazioni del Magistero. Non è neanche un assistente sociale, ma tuttavia la sua azione si apre al sociale così come ha indicato la Chiesa a partire dalla *Rerum novarum* e da altri importanti documenti del concilio ecumenico Vaticano II e del Magistero successivo, da don Pino meditati e interiorizzati.

Insomma, il parroco di San Gaetano è un prete che fa il suo lavoro amministrando i sacramenti, preparando i bambini alla prima comunione, i genitori al battesimo dei figli, le giovani coppie al matrimonio. Si impegna in tutte le opere di misericordia e, tra esse, pensa – come hanno fatto, in altri tempi e in altri contesti, anche non mafiosi, tanti pastori di anime – di andare a far visita ai detenuti in carcere, auspicando la loro conversione. Certo, predica anche contro Cosa Nostra e pronuncia parole dure nei confronti dei mafiosi, ma neppure questo suo impegno contro il male è la nota prevalente del suo ministero sacerdotale. E lui stesso, in diverse circostanze, ricorda:

> È importante parlare di mafia, soprattutto nelle scuole, per combattere contro la mentalità mafiosa, che è poi qualunque ideologia disposta a svendere la dignità dell'uomo per soldi. Non ci si fermi però ai cortei, alle denunce, alle proteste. Tutte queste iniziative hanno valore, ma se ci si ferma a questo livello sono soltanto parole. E le parole devono essere confermate dai fatti.

Eppure, è proprio contro questo inerme, indifeso, autentico sacerdote, contro questo prete «senza aggettivi», che si accende l'avversione dei mafiosi. Perché?

La risposta è nella struttura mentale e materiale della mafia: i mafiosi con il loro rito di affiliazione scelgono di appartenere a un padrino, non al Padre. Compiono una scelta radicalmente diversa da quella di tutti gli altri battezzati cristiani, scelta che è in netta antitesi con i valori evangelici. E a nulla vale l'immagine che la mafia costruisce di sé, dipingendosi quale organizzazione attenta ai principi del cristianesimo mediante la continua ostentazione di simboli religiosi e di immagini sacre perfino portate in processione: il progressivo distacco dagli obblighi del battesimo è più che sufficiente ad attestare l'insanabile divergenza col cristianesimo[32]. E nella vicenda Puglisi,

[32] «A questo punto ci rimbalza una domanda tanto diffusa quanto superficiale e generica: i mafiosi sono pur sempre dei battezzati, che si accostano ai sacramenti! È vero che il battesimo dei mafiosi è valido perché si presume che genitori, ministro e padrini abbiano intenzione di fare ciò che fa la Chiesa. Diciamo, anche per completezza, che dopo la disputa tra papa Stefano e Cipriano, anche il battesimo degli eretici viene considerato valido purché sia garantita la formula trinitaria. Restano aperte due domande; la prima sulla liceità e la seconda, alla quale non si è in grado di rispondere, e cioè: un Bagarella, un Graviano che portano al battesimo il loro bambino intendono fare ciò che fa la Chiesa? In ogni caso, è bene ricordare che il battesimo, il sacramento della fede per eccellenza, esige obblighi indefettibili da parte dei genitori e dei padrini del battezzando: essere credenti, essere in grazia di Dio, accettare *nunc et semper* il Credo di Cristo espresso attraverso la Chiesa, obbligarsi a vivere e a far vivere in maniera coerente sul piano dell'ortodossia e dell'ortoprassi. Vangelo e mafia sono incompatibili, ma ciò non esclude che i mafiosi, proprio perché battezzati, se riconoscono gli errori, accettando anche la giustizia umana, non possano convertirsi come Matteo, come Zaccheo: uno diventa apostolo e l'altro restituisce quattro volte tanto a coloro che aveva derubato e dona i suoi beni ai poveri. Insomma una conversione che cambia veramente la loro vita. In verità, il fatto che tanti mafiosi si dichiarino cristiani perché hanno ricevuto il battesimo, la prima comunione, il matrimonio… va compreso all'interno di quella *societas christiana*, la quale, nonostante i cambiamenti epocali, ha continuato a sopravvivere in ambito siciliano (e non solo), mantenendo diverse espressioni dell'appartenenza prevalentemente sociologica all'ecclesialità, senza un'autentica scelta di fede ed espressioni conseguenti di partecipazione alla vita della comunità cristiana; ciò va detto nonostante il conclamato possesso di copie della Bibbia, di immagini sacre, di partecipazione a processioni e quant'altro». Cfr. C. Scordato, in *Risposte della Postulazione*, pp. 162-163.

questa realtà trova drammatica estrinsecazione, ricevendo ampia dimostrazione e riscontro nei racconti dei pentiti, negli esiti delle indagini, nelle sentenze della magistratura, nelle testimonianze di chi conobbe il sacerdote di Brancaccio.

Come ricordato, la genesi dell'omicidio parte con l'autorizzazione di Leoluca Bagarella (il capo della mafia in Sicilia) ai fratelli Graviano (capi del quartiere Brancaccio), i quali pongono in essere, in un primo tempo, una serie di minacce. Vi è nei suoi confronti un trattamento speciale, che non tocca soltanto cose, ma anche fisicamente la sua persona. Si tratta di avvertimenti specifici, di un crescendo di pericolosità. Dal momento che tali minacce trovano in Puglisi, come abbiamo detto, una inattesa resistenza i Graviano, per preservare il proprio «onore» danno l'ordine di morte, eseguito da Salvatore Grigoli.

Ad animare i Graviano c'è l'*odium fidei*. Ne erano consapevoli? Sicuro!, dice Scordato. Essi

> non possono non aver avvertito che la vita di don Pino spingeva in direzione esattamente opposta alla loro, già consolidata nel territorio; come pure non possono non aver sperimentato che don Pino, con la sua presenza umile e mite, era lì a demitizzare qualsiasi pretesa di potenza e onnipotenza[33].

Ma la prova delle prove è racchiusa nella rassegna delle fonti ritenute, con tanto di sentenza, attendibili.

La prima si rinviene nelle notizie riferite da Tullio Cannella al pubblico ministero Matassa, apprese direttamente dal collaboratore di giustizia in un colloquio con Leoluca Bagarella:

> All'inizio del 1994, credo dopo la cattura dei fratelli Graviano, nei giornali usciva sempre questo discorso di padre Puglisi. Così io commentai col Bagarella questa situazione, al quale dissi: «Ma certo, che sono nei guai i ragazzi». I ragazzi, mi riferivo ai fratelli

[33] C. Scordato, *Risposte della Postulazione*, p. 170.

Graviano, «per questa morte di padre Puglisi». E Bagarella mi disse [...] testualmente: «*Chi ci pozzu fare io? Iddi che avevano u fattu*», *iddi*, che si riferiva ai fratelli Graviano, «*avevano u fattu che stu parrino si tirava i picciotti cu iddu*», i giovani della borgata, questa opera di proselitismo insomma, «*si tirava i picciotti cu iddu, quindi faceva stu dannu, predica tutta arnata, avutri problemi*» [...]. E Bagarella mi disse: «Ma comunque io non mi interessa niente, non c'entro niente. Né ci dissi sì, né ci dissi no. *Iddi su a so casa, iddi decidiero e sa virunu iddi. A mia un mi interiessa*». Quindi questo fu quello che mi disse Bagarella commentando con me l'omicidio di Padre Puglisi[34].

Nel colloquio con Cannella, Bagarella, tirandosi fuori dalla responsabilità diretta dell'omicidio – ma è chiaro che l'omicidio di un sacerdote non poteva avvenire senza il consenso del vertice mafioso – accenna, come prima motivazione, all'azione pastorale di don Puglisi.

Egli è martire di un'organizzazione atea; come atee erano il marxismo, il nazismo, il lumumbismo ed altre ideologie che nella negazione di Cristo Signore attingevano la linfa per proliferare e seminare il male. L'uccisione di padre Puglisi non può non essere considerata come un'azione compiuta in *odium fidei*, un odio dovuto alla rabbia di dover subire in un territorio (Brancaccio), da sempre feudo della mafia (i Graviano), il progressivo distacco dei suoi abitanti, in specie i più giovani, dal credo della lupara al definitivo abbraccio della croce di Cristo Redentore[35].

È questa la ragione dell'avversione del capo di Cosa Nostra. Ed è legata direttamente al *munus* sacerdotale. Lo conferma anche il secondo riferimento all'azione della vittima predestinata, allorché si dice che egli «*predica tutta arnata*»: la fonte non dice affatto che il Puglisi predica contro la mafia; dice semplicemente che predica sempre. L'odio di Bagarella («*faceva stu dannu*») è dunque ancora

[34] *Verbale. Udienza 29 giugno 1996, 40.41-42.60*, in *Risposta alla Postulazione*, p. 27.

[35] C. Scordato, in *Risposte della Postulazione*, p. 171.

una volta motivato dal *munus* sacerdotale[36]. E sembra quasi di avvertire, nelle sue parole, quelle pronunciate da Enrico II per impartire l'ordine di uccidere un altro martire, Tommaso Becket: «Chi mi toglierà di mezzo questo prete intrigante?»[37].

La seconda fonte è invece costituita da quanto viene riferito al pubblico ministero da Antonio Calvaruso per averlo appreso da Luigi Giacalone, che all'epoca dei fatti

[36] Cfr. quanto scrive A. Riccardi, con la collaborazione di A. Romano, *Don Giuseppe Puglisi martire*, in *Risposte della Postulazione*, pp. 237-238: «La presenza sacerdotale e pastorale di don Puglisi era divenuta un problema serio per il più potente uomo di Cosa Nostra. Dalle parole di Bagarella capiamo che il problema era don Puglisi stesso, la sua azione sacerdotale, ciò che rappresentava per il quartiere, specie per il suo carattere educativo verso i giovani e i bambini. Puglisi rende concreto quanto Giovanni Paolo II aveva detto ai giovani siciliani ad Agrigento: "Il Signore è leale con voi; vi dice chiaramente: 'Chi non è con me, è contro di me' (Mt 12, 30); vi chiama, cioè, a una scelta netta, senza compromessi: o lui, o altri 'maestri', altri 'pastori', che si presentano all'apparenza convincenti, ma risultano poi insidiosi e falsi. Sono coloro che vi attirano sui sentieri della criminalità, della droga, dei lavori illeciti e degradanti, dei divertimenti vuoti e superficiali" (Giovanni Paolo II, *Visita pastorale in Sicilia. Incontro con i giovani della Sicilia nello stadio Esseneto di Agrigento*, 9 maggio 1993) [...]. Bagarella volle la morte di Puglisi, la chiese subito, la ottenne in ritardo. La volle perché don Pino educava i bambini, operava per illuminare le coscienze di quanti erano controllati dal clima di menzogna della mafia, difendeva la sacralità della persona umana. Don Puglisi impensieriva il Capo di tutti i capi, Leoluca Bagarella, colui che disponeva di un piccolo esercito a sua disposizione, che muoveva ingenti capitali a suo piacimento. Una pastorale concreta, da sacerdote missionario, che bussa a tutte le porte, che propone una vita ispirata ai valori cristiani, al perdono, alla pace, al rigetto della violenza, al rispetto della legge divina, appare una minaccia per il capo mafia».

[37] Nato a Londra verso il 1117 e ordinato arcidiacono e collaboratore dell'arcivescovo di Canterbury, Teobaldo, Tommaso fu nominato cancelliere da Enrico II, con il quale fu sempre in rapporto di amicizia. Teobaldo morì nel 1161 ed Enrico II, grazie al privilegio accordatogli dal Papa, poté scegliere Tommaso come successore alla sede primaziale di Canterbury. Ma occupando questo posto Tommaso si trasformò in uno strenuo difensore dei diritti della Chiesa, inimicandosi il sovrano. Fu ordinato sacerdote e vescovo nel 1162. Dopo aver rifiutato di riconoscere le «Costituzioni di Clarendon» del 1164, però, Tommaso fu costretto alla fuga in Francia, dove visse sei anni di esilio. Ma al rientro come primo atto sconfessò i vescovi che erano scesi a patti col re, il quale, si dice, arrivò a esclamare: «Chi mi toglierà di mezzo questo prete intrigante?». Fu così che quattro cavalieri armati partirono alla volta di Canterbury. L'arcivescovo venne avvertito, ma restò al suo posto; accolse i sicari del re nella cattedrale, vestito dei paramenti sacri e si lasciò pugnalare senza opporre resistenza. Era il 23 dicembre del 1170.

faceva parte del gruppo di fuoco al soldo dei Graviano:

> Il Giacalone [...] mi disse che lui non era tanto d'accordo su quest'omicidio, perché prevedeva che dopo questo omicidio sarebbe successo il finimondo, però mi disse «purtroppo non c'è stato niente da fare, perché questo omicidio lo ordinarono i fratelli Graviano». Lo ordinarono i fratelli Graviano perché il Parroco, con le sue strategie contro la mafia e in particolar modo contro la mafia della zona di Brancaccio, metteva magari inconsapevolmente agli occhi degli altri mafiosi i Graviano in ridicolo. Ora tutto questo dentro di me quel giorno che il Giacalone mi raccontò questo riscontro, perché io un giorno col Bagarella ebbi a parlare di questo omicidio di padre Pino Puglisi e il Bagarella mi disse che i Graviano ci avevano perso tempo a romperci le corna a *stu parrinu*, perché lo fecero diventare una persona famosa e quindi giustamente dopo che lo ammazzarono successe il finimondo. [...] Praticamente Bagarella sosteneva che se questo prete i Graviano l'avessero ucciso subito non avrebbe fatto il danno, lo scalpore, il rumore che ha fatto avendolo ucciso dopo che il prete era diventato una personalità[38].

Due anni dopo, Calvaruso viene nuovamente interrogato e risponde come segue:

> Il Bagarella si era lamentato di questo fatto, si era lamentato che non l'avevano ammazzato prima e che ci hanno perso troppo tempo e che l'hanno fatto diventare un eroe [...]. Perché nel momento in cui poi è stato fatto effettivamente l'omicidio è scaturito un macello, perché già non era più un semplice omicidio di un prete che praticamente non aveva fatto campagna contro la lotta alla mafia, non avevano fatto... tutto quello che padre Pino Puglisi aveva fatto, allora loro... il Bagarella rimproverò i Graviano nel suo commento dicendo se lo ammazzavano subito, quando questo cominciò, oggi non sarebbe successo il finimondo che sembra che avevano ucciso un altro grande Magistrato e invece era solo un prete, questo diciamo è il Bagarella che parla [...]. Quindi Bagarella si lamentò perché i Graviano non fecero l'esecuzione prima[39].

[38] *Verbale. Udienza 20 luglio 1996, 48-49.102.111-112*, in *Risposte alla Postulazione*, p. 44.

[39] *Verbale udienza 20 ottobre 1998, pp. 229-230*, in *Risposte alla Postulazione*, p. 45.

Questa seconda fonte, con risposte formulate in due diversi momenti, riferisce ancora le parole di Bagarella, ma illumina anche il contesto nel quale viene deciso di eliminare il prete. Calvaruso offre un particolare fondamentale a dimostrazione dell'*odium fidei*, giacché elimina del tutto ogni possibile determinazione della morte con la presunta e inesistente precipua azione antimafia di padre Puglisi. Bagarella, infatti, esprime la sua insoddisfazione in merito al «quando» viene eseguito l'omicidio: intelligentemente, il capo della mafia, pur avendone dato l'autorizzazione, critica il momento scelto dai Graviano, assolutamente inadatto, anzi un boomerang.

Fondamentale, sempre in questa direzione, l'affermazione per cui padre Puglisi sia solo un prete. Bagarella non lo considera quindi un prete antimafia, da assimilare ai magistrati o ai poliziotti. Il boss sa bene che il parroco opera nel quartiere con motivazioni e in forme totalmente distinte, incarnando con la sua vita una forza invisibile, la sua fede, che si traduce in un'eccezionale capacità evangelizzatrice.

Queste affermazioni svelano senza dubbio alcuno il movente dell'*odium fidei*: l'operato del Puglisi, nel pensiero e nelle parole del boss, è assolutamente diverso rispetto a quello degli apparati repressivi dello Stato. E, tuttavia, a Bagarella appare – sia pure su un piano sostanzialmente diverso – pericoloso quanto l'attività di giudici e forze dell'ordine: esso, infatti, affascina le nuove generazioni, proponendo loro un'alternativa di vita, fondata sul Vangelo, inconciliabile con la mafia. Col risultato che i boss si vedono messi ai margini dall'operato del Centro «Padre Nostro», che diventa il fulcro della vita del quartiere.

Ma la confidenza di Calvaruso ha importanza anche in riferimento all'*odium fidei* da parte dei Graviano. Facendo la dovuta tara della dichiarazione attribuita da Calvaruso a Giacalone, in effetti, appare interessante rilevare la capacità, da parte della base, di intuire il pericolo dell'assassinio del Puglisi, considerato controproducente ai fini del mantenimento dello *status quo* nel quartiere Brancaccio. Giacalone riconduce le motivazioni improcrastinabili e irrinunciabili da parte dei Graviano al fatto che la presenza del sacerdote rischiava di mettere in discussione il primato del capo famiglia di Brancaccio.

Ciò che li muove a decretare l'ordine di morte è quindi il timore di perdere la faccia di fronte agli altri mafiosi. La loro avversione nasce dalla paura di sentirsi giudicati inetti e ciò avviene a motivo di un uomo che fa semplicemente il prete e che non si lascia fermare, in nome e sul fondamento della fede, dalle loro intimidazioni. Scrive ancora Riccardi:

> Puglisi viene ucciso a causa del suo lavoro di prete che, in modo sintonico con quanto indicato da Giovanni Paolo II e dell'episcopato siciliano, esercita le sue legittime funzioni [...] di insegnare, santificare e governare il suo popolo, confrontandosi, per la salvezza delle anime (in specie dei più piccoli), con una società segreta dagli scopi perversi come Cosa Nostra[40].

Uccidere don Giuseppe Puglisi, dunque, non è stato volere eliminare un concorrente o un avversario, come dimostrano l'arma e il depistaggio messo in campo: la magistratura non ha difficoltà, in un tempo relativamente ristretto, a bollare l'evento come mafioso.

Non occorre dire altro: colpendo il parroco di San Gaetano, i Graviano, sollecitati da Bagarella, ritennero di aver riaffermato la vittoria della forza brutale della mafia, mettendo a tacere una fede che, nella persona della vittima designata, annunciava un Vangelo irriducibile alla sopraffazione e alla violenza. E proprio il Vangelo che don Puglisi cerca di annunciare e vivere, il Crocifisso che egli ha scoperto come motivo ispiratore e propulsore della ortodossia e ortoprassi, il Padre che egli ama presentare nelle sue conversazioni

[40] A. Riccardi, in *Risposte della Postulazione*, p. 236.

scardinano e quindi destrutturano la figura del boss: oltre a deriderla la vanificano, proprio nel territorio nel quale essa ha messo le sue radici. La sua non era una sfida, ma solo la costruzione di un'alternativa che svuotava dall'interno lo spazio della mafiosità. Da questo punto di vista, la presenza di don Pino è meno avvertita come compromettente nei confronti di eventuali interessi o progetti dei mafiosi, mentre lo è come svuotante il senso e il peso della mafia e dei suoi boss. Dio, Gesù Cristo, la Chiesa sono ben altra cosa rispetto a un'organizzazione che si nutre di violenze esercitando il controllo del territorio e non dando spazio ad alcuno[41].

Fu odio della fede perché l'avversione fu rivolta contro la forza che muoveva il sacerdote. Concorda Parente:

Era la forza della fede, incarnata da questo inerme e dimesso sacerdote, a offendere i Graviano. La possibilità di essere ridicolizzati era direttamente proporzionale alla debolezza fisica della persona che si trovavano di fronte: fu la fede, che animava le azioni del Servo di Dio e che ne caratterizzava la presenza sul «loro» territorio, che si evidenziava in ogni suo atto sacerdotale, a rendere insopportabile la conservazione in vita del Servo di Dio. Non c'erano altre ragioni, oggettivamente valide, tali da motivare la decisione della sua soppressione. Anzi...[42].

Dello stesso parere Scordato:

Si palesa la causa dell'uccisione del Servo di Dio; è la sua fede in Gesù Cristo a suscitare l'*odium fidei*, provocando la sua morte, data l'irriducibilità del Vangelo che egli testimonia e la presunta religiosità che i mafiosi ostentano [...]. Uccidendo padre Puglisi la mafia ha inteso colpire l'intero apparato ecclesiale, giacché il suo ministero era in piena consonanza con l'episcopato palermitano, con la CEI e la Chiesa nella sua universalità[43].

Insomma, se avesse avuto la scorta e se avesse fatto il prete antimafia non sarebbe stato colpito come invece è

[41] C. Scordato, *Risposte della Postulazione*, p. 169.
[42] U. Parente, *Don Giuseppe Puglisi, martire della fede*, in *Risposte della Postulazione*, 22 aprile 2011, p. 276.
[43] C. Scordato, in *Risposte della Postulazione*, p. 167.

stato[44]. L'avversario, in quel caso, sarebbe stato un uomo impegnato «contro», un avversario come i magistrati, i giornalisti, i sindacalisti, le forze dell'ordine, i cittadini che avevano il coraggio di violare il muro dell'omertà. No, in quel caso essi vollero colpire don Giuseppe Puglisi perché sacerdote, perché sacerdote di Cristo, che con il suo ministero testimoniava la verità della fede, l'unicità di Dio, la salvezza delle anime, la sacralità della vita, la dignità della persona umana.

Sopprimendolo, i Graviano pensavano di aver vinto; credettero, in base all'ateismo che ne caratterizzava la vita in ogni manifestazione, di aver tacitato la forza vitale della fede e quel richiamo alla conversione che poteva metterli in ridicolo agli occhi degli altri «vati» della religione mafiosa.

Questa conclusione è solidamente rafforzata dalla *fama martyrii*. Il beato Giovanni Paolo II, che si trova a La Verna, all'indomani dell'assassinio dice: «Elevo la mia voce per deplorare che un sacerdote impegnato nell'annunciare il Vangelo e nell'aiutare i fratelli a vivere onestamente, ad amare Dio e il prossimo, sia stato barbaramente eliminato»[45].

[44] Vi fu un appello al Presidente della Repubblica Oscar Luigi Scalfaro, firmato dall'Associazione Intercondominiale, con conseguente informativa assunta dal Quirinale sulla situazione di Brancaccio e successivo intervento del Ministro dell'Interno sul Prefetto di Palermo e le opportune mosse di costui sul Commissario di zona, che non ritenne di dover chiedere la scorta perché evidentemente non gli appariva necessaria, ma assegnò una volante del 113 per qualche perlustrazione della zona. Non vi fu nessuna imprudenza da parte sua: la condanna a morte di Cosa Nostra, proprio perché costituiva un attacco alla fede, non poteva essere preventivamente presagita e quindi fermata. È opportuno ricordare che le leggi dell'epoca avrebbero potuto imporre la scorta, indipendentemente da qualsiasi eventuale orientamento dell'interessato, qualora le autorità di pubblica sicurezza lo avessero ritenuto necessario. Ma i riscontri investigativi indicavano chiaramente l'insussistenza di motivi oggettivamente validi. Insomma, nessuno aveva percepito l'avversione che la mafia aveva coltivato contro la fede del Beato. Quest'avversione mortale costituiva davvero una novità assoluta: era, per il tempo in cui si verificò l'evento martiriale, l'imponderabile esito della inconciliabilità tra la vera fede, incarnata da Puglisi, e la religione fasulla e ingannevole, professata dalla mafia.

[45] Giovanni Paolo II, *Angelus* a La Verna (Arezzo), per la visita pastorale del

Infine, nel novembre 1994 dichiara in modo quanto mai esplicito che tra le vittime dell'odio e della violenza «ci sono anche coraggiosi ministri del Vangelo, come padre Giuseppe Puglisi»[46].

Significative appaiono anche le parole pronunciate dal cardinale Salvatore Pappalardo un mese dopo l'assassinio:

> Certamente don Giuseppe a Brancaccio non è stato ucciso da quelli che lo amavano, perché lo vedevano, così come deve essere un sacerdote di Cristo, «esempio ai fedeli nelle parole, nel comportamento, nella carità, nella fede, nella purezza...» (1Tm 4,12). È stato ucciso non solo dalla mano assassina che lo ha colpito, ma da quelli che hanno deciso di disfarsi di lui per l'opera di evangelizzazione che compiva, e che aveva la sua necessaria proiezione sul piano della elevazione spirituale, morale, culturale, sociale... Lo hanno perseguitato quegli «empi» di cui si legge nel Libro della Sapienza, che mal sopportano i discorsi, gli esempi, le azioni dell'uomo giusto [...]. L'hanno ucciso, ma la sua morte è stata luminosa e gloriosa perché è stata una testimonianza della verità e dell'amore[47].

17 settembre 1993: «In questo luogo di pace e di preghiera non posso non esprimere il dolore con il quale ho appreso ieri mattina la notizia dell'uccisione di un sacerdote di Palermo, don Giuseppe Puglisi. Elevo la mia voce per deplorare che un sacerdote impegnato nell'annunciare il Vangelo e nell'aiutare i fratelli a vivere onestamente, ad amare Dio e il prossimo, sia stato barbaramente eliminato. Mentre imploro da Dio il premio eterno per questo generoso ministro di Cristo, invito i responsabili di questo delitto a ravvedersi e a convertirsi. Che il sangue innocente di questo sacerdote porti pace nella cara Sicilia».

[46] In *L'Osservatore Romano*, 7-8 novembre 1994, p. 1.

[47] *Omelia del Card. Pappalardo durante la Messa per il trigesimo della morte del SdD (15/10/1993)*, in Archivio Giuseppe Puglisi, Palermo, b. VIII, 8. *Archivio Giuseppe Puglisi*, b. VIII, 8. Cfr. anche quanto detto dal cardinale Salvatore De Giorgi il 15 settembre 1998: «Divenuto come Gesù segno di contraddizione, è stato oggetto di amore da parte di coloro che sono al servizio dell'amore e della vita, e di odio da parte di quanti sono al servizio dell'odio e della morte. La sua testimonianza ha profumo di martirio» (*Relatio et vota* 1, in *Positio suppletiva*, p. 44; cfr. anche pp. 78-79). Importanti appaiono anche alcuni stralci delle dichiarazioni extraprocessuali raccolte dalla Postulazione. Il dottor Francesco Deliziosi (25 marzo 2011) scrive: «In conclusione ribadisco la mia ferma convinzione che i Graviano videro in don Puglisi un uomo che, mosso dalla fede, compiva atti che generavano in loro un'avversione tale da desiderarne la morte»: in *Risposte della Postulazione*, p. 134. Don Cosimo Scordato rileva: «Mi sento di potere affermare

E, a conferma, la lucida analisi del cardinale Salvatore De Giorgi: «L'azione pastorale di padre Puglisi va collocata proprio in quel compito specifico della evangelizzazione e della formazione delle coscienze. E per questo è stato ucciso: perché con la sua azione catechetica, forte, robusta, incisiva, sottraeva alla mafia le nuove generazioni»[48].

La realtà della mafia, si legge nelle Risposte alla Postulazione,

> è all'opposto di questa professione di fede; l'*habitus* dei mafiosi è totalmente anticristiano, antievangelico ed ipocrita; essi calpestano senza alcuno scrupolo le leggi fondamentali del Vangelo, come la giustizia e la carità; e, per contro, praticano la vendetta, l'intimidazione e l'omicidio. Quanto alla contrapposizione insanabile tra don Pino e la cosca mafiosa, tre possibilità si aprivano in questo scontro: l'indifferenza, la conversione, l'opposizione. La prima era improbabile perché la mafia non può assistere indifferente a ciò che avviene nel territorio da essa controllato. La seconda è quella cui punta don Pino ed è riconducibile al misterioso intreccio tra la grazia di Dio e la resistenza dell'uomo; ma essa ha i suoi tempi e solo ora sappiamo che qualcosa è maturato nel cuore di qualche mafioso, proprio a partire dal sacrificio di don Pino. La terza è, purtroppo, quella che si è scatenata nel momento in cui l'appello al Vangelo doveva passare attraverso la rinunzia al dominio e agli interessi consolidati nel quartiere di Brancaccio[49].

Non vi è pertanto difficoltà alcuna nell'affermare che, per certi aspetti,

> l'uccisione di don Pino è simile a quella dei primi martiri; essi venivano uccisi perché negavano la natura divina dei Cesari e per

che nell'uccisore e soprattutto nei mandanti, c'è stato un vero *odium fidei* verso il Beato non in quanto ostacolava gli interessi sociali ed economici della mafia, ma in quanto proponeva un'immagine di Dio, attraverso la persona di Gesù Cristo, totalmente irriducibile a quella da loro rivendicata»: in *Risposte della Postulazione*, p. 128.

[48] Cardinale Salvatore De Giorgi, intervista a *Famiglia Cristiana*, n. 20, 23 maggio 1999, p. 18.

[49] C. Scordato, *Risposte della Postulazione*, pp. 166 e 167.

questo, destino strano, venivano considerati atei e attentatori alla *pax* socio-religiosa. Don Pino, con la sua testimonianza, denunzia l'ateismo pratico o la pseudo-religiosità dei mafiosi: se la mafia ha ucciso don Pino è perché la fede nel Crocifisso, che egli annunzia e testimonia, toglie terreno sotto i piedi alla mafia, sia nel caso in cui esso si giustifica – ateisticamente – prendendo il posto assoluto nella vita sociale e nei confronti delle persone; sia in quanto – teisticamente (ma ambiguamente) – crede di poter far valere le ragioni di una fede che, messa a nudo nelle sue mire di potere e di dominio sugli altri, viene smascherata attraverso l'appello al servizio e al dono di sé del Crocifisso[50].

[50] Ivi, p. 170.

VI.

Accettazione libera e responsabile della morte violenta

Il martirio è una grazia di Dio che non credo di meritare, ma se Dio accetta il sacrificio della mia vita, che il mio sangue sia un seme di libertà e il segno che la speranza sarà presto realtà.

Oscar Romero

Puglisi fu ucciso perché sacerdote, perché uomo di fede, liberamente consapevole della possibilità di una morte violenta come tante altre vittime di mafia, ma per ragioni diverse. Qualche giorno prima di quel fatale 15 settembre 1993, don Cosimo Scordato lo aveva incontrato e per la prima volta lo aveva visto preoccupato e triste. Conoscendo il motivo, lo aveva messo in guardia. Dal breve dialogo riportò questo giudizio: «Lui voleva dialogare con queste persone che lo minacciavano, voleva far capire loro che stava facendo qualcosa per il quartiere, per i bambini. Aveva detto in chiesa, pubblicamente, che era pronto al dialogo, che potevano andare in chiesa o scegliere un altro modo per parlare»[1].

Questo è il ritratto che ne fa padre Antonino Ferraro, altro amico di don Puglisi:

[1] M. Torcivia, *Il martirio di don Giuseppe Puglisi. Una riflessione teologica*, Monti, Saronno 2009, p. 27.

Come sacerdote lo ritrovai sempre totalmente identificato con la sua vocazione e con il suo ministero. Posso testimoniare della sua fede forte e aperta, della sua carità che lo faceva dimentico di sé e sempre disponibile agli altri in tutte le forme, della sua preghiera che certamente lo collegava con le fonti inesauribili della Grazia, del suo amore grande per la Parola del Signore, alla quale sapeva prestare l'ardore convinto del suo sacerdozio e quella particolare capacità di leggerla attraverso la storia e gli avvenimenti con cui ci scontriamo ogni giorno. Conservo di lui l'immagine del Pastore che si affanna per il bene di coloro che gli sono affidati, cercando ogni modo per metterli in contatto vitale con il Signore e facendo di tutto per rendere credibile, con la propria coerenza, il messaggio evangelico. Come uomo e come sacerdote aveva una grande capacità di mediazione tra posizioni distanti, che egli riusciva ad avvicinare considerevolmente. Certamente la sua morte a causa di una testimonianza d'amore che urtò contro la suscettibilità delle «tenebre» è il sigillo più vero per l'autenticità di quanto, in maniera inadeguata, noi possiamo dire ricordando il sacerdote e l'amico con il quale abbiamo avuto la fortuna di percorrere un tratto di strada insieme. Concludo invocando dall'amico un'intercessione molto speciale per quanti hanno armato la mano violenta che gli ha dato di sottoscrivere col sangue il suo amore a Cristo, all'uomo e al suo sacerdozio. I santi continuano a seminare speranze sulle vie dell'uomo… E anche noi ne siamo testimoni[2].

La testimonianza del padre francescano è incisiva e ben tratteggia il carattere sacerdotale del parroco di Brancaccio, evidenziandone in modo esemplare la consegna totale: un prete che ha amato tanto il Cristo non può che essere pronto a provare il proprio amore fino al dono della vita pur di testimoniare e dare spessore alla sequela di Cristo, come stanno a dimostrare numerose fonti: dagli scritti di Puglisi alle testimonianze processuali canoniche emerge chiara la limpida disponibilità a offrire anche la vita per amore del Vangelo.

In età giovanile, dal 9 al 12 luglio 1962, partecipò a un corso di esercizi spirituali a San Martino delle Scale, sulla

[2] Testimonianza autenticata del 5 aprile 2000, in *Atti Giuseppe Puglisi*, b. 0, senza indicazione di fascicolo.

collina che domina Palermo. Affidò a un quaderno qualche riflessione. Il 12 luglio annotò:

> Se vogliamo diventare dei conquistatori, dei pescatori di anime, rientriamo in noi stessi e meditiamo gli insegnamenti, le direttive del nostro condottiero: Gesù. *Qui non sequitur me ambulat in tenebris.* Il mondo, la carne, le passioni ci daranno l'infelicità, la morte; solo Cristo può darci la salvezza, è lui il *Verbum salutis*[3].

Povertà, umiltà, sacrificio: ecco le caratteristiche di Gesù che maggiormente lo colpiscono:

> *Qui sequitur me habebit lumen vitae.* Seguiamolo dunque nel distacco dalle ricchezze: il figlio dell'uomo non ha dove poggiare il capo; semplicità e povertà si addicono alla casa del sacerdote; con tanta miseria che c'è non può essere ricercato, ricco. Seguiamolo nell'umiliazione: *humiliavit semetipsum... usque ad mortem*[4].

Nel pomeriggio dello stesso giorno quell'*usque ad mortem* gli suggerisce un'altra riflessione dal sapore profetico:

> Giova meditare spesso sulla morte, sul giudizio; dobbiamo tenerci sempre pronti a questo momento che faceva tremare anche i santi: Dio ci giudicherà anche delle parole oziose, di tutto, di tutto. Non orgasmo, disperazione, ma santo, salutare timore della morte. Tutta la vita una continua preparazione alla morte: dobbiamo farci santi – a tutti i costi – ma santi sul serio, non mediocri[5].

Della metà degli anni Ottanta sono le seguenti considerazioni:

> Stasera debbo parlarvi della morte. Non voglio con questo farvi spavento o parlarvi di teschi o di scheletri. No, voglio farvi pigliar coscienza dell'importanza del momento che passa. Nella «mentalità corrente» domina la superficialità: l'attenzione è presa da pubblicità, cinema, tv, rotocalchi, fotoromanzi, fumetti, notizie di scoperte, viaggi, turismo. Non c'è posto per un pensiero serio. La morte?! Tocco

[3] Archivio Giuseppe Puglisi.
[4] Ivi.
[5] Ivi.

ferro. Alla notizia della morte di qualcuno diciamo: «Poveraccio, così giovane, così bello, intelligente, un avvenire così splendido!». Pochi si domandano: «Ha ricevuto i sacramenti? Sarà morto in grazia di Dio?». È questo l'essenziale: morire in grazia.
«Chi vorrà salvare la propria vita, la perderà; ma chi perderà la propria vita per causa mia, la troverà. Qual vantaggio infatti avrà l'uomo se guadagnerà il mondo intero e poi perderà la propria anima?» (Mt 17, 25-27) [...]. State pronti perché non sapete né il giorno, né l'ora. Ma anche se dovete morire tra cento anni, tale sarà la morte, quale è stata la vita. Perciò dobbiamo vivere in grazia. È questo il segreto per non morire, per non aver paura della morte. Il segreto per saperla affrontare con coraggio, con gioia, anzi, è morire durante la vita. Mortificarsi, sapersi distaccare, cioè saper vivere tendendo verso il cielo. La morte è l'inizio di una nuova vita.

Sottolinea in un'altra occasione: «Il discepolo di Cristo è un testimone. La testimonianza cristiana va incontro a difficoltà, può diventare martirio. Il passo è breve, anzi è proprio il martirio che dà valore alla testimonianza. Ricordate San Paolo: "Desidero ardentemente persino morire per essere con Cristo". Ecco, questo desiderio diventa desiderio di comunione che trascende persino la vita».

Queste riflessioni schiudono la via anche alle meditazioni sul martirio e sulla persecuzione, temi frequenti nelle sue omelie e nei convegni degli ultimi tempi. Nel camposcuola dell'agosto 1988, riprende il tema della persecuzione a causa della giustizia, ispirandosi alle Beatitudini. Ricorda ai ragazzi l'esempio luminoso di padre Massimiliano Kolbe, martire ad Auschwitz: «Un altro esempio del rapporto di amore con Gesù e per l'umanità è Massimiliano Kolbe; era un francescano polacco che ha scambiato la vita con la salvezza di un altro prigioniero. Il suo era un amore al di sopra della sua stessa vita. Amava gli altri più della vita, come in un certo senso Gesù Cristo»[6].

Attingendo ai propri ricordi, Francesco Deliziosi delinea l'atteggiamento di don Puglisi nei confronti del martirio:

[6] Citazioni in F. Deliziosi, *Don Puglisi*, rispettivamente pp. 204 e 227.

Ho conosciuto don Pino come insegnante di religione al liceo e, insieme con mia moglie (era mia compagna di classe), l'abbiamo seguito a Brancaccio, pur non abitando nel quartiere, dalla nomina (autunno 1990) alla morte. Per gli ultimi mesi posso riferire della sua consapevolezza del rischio della sua vita, espressa con frasi e battute in diversi episodi. Ci aveva allontanato volutamente dalla sua casa nelle ore serali per non esporre anche i parrocchiani e gli amici al fuoco dei killer. Fece da «parafulmine» salvando gli altri. A un amico studente di Medicina disse di «trattarlo bene quando sarebbe toccato a lui» (di finire sul tavolo per l'autopsia). La domenica prima del delitto ci invitò ad affrettare i tempi del battesimo del nostro primo figlio: «Dobbiamo battezzarlo subito, dobbiamo battezzarlo subito», diceva. Noi non capivamo il motivo di tanta fretta ma eravamo a tre giorni dall'omicidio. Risultano minacce dirette, un'aggressione fisica, danni alla sua auto, telefonate e lettere anonime[7].

Avvicinandosi il tempo del martirio aumentano le sue meditazioni sulla morte, che considera come una possibile conseguenza dell'autenticità della vita cristiana e ogni volta che parla di martirio e di testimonianza ne coglie sempre la dimensione esclusivamente cristiana. Lo dimostrano, emblematicamente, queste sue parole:

È difficilissimo morire per un amico, ma morire per dei nemici è ancora più difficile. Cristo, però, è morto per noi quando noi eravamo ancora suoi nemici. Dio ci rimane sempre accanto, è la costanza dell'amore fino all'estremo limite, anzi senza limiti. Ecco il motivo della nostra gioia.

[7] F. Deliziosi, in *Risposte della Postulazione*, pp. 138 ss.

VII.

Una vittima «speciale» della mafia

Ci si dimentica sempre che un eroe è un uomo, soltanto un uomo, e che resistere a una tirannia, subire sevizie, languire per anni in una cella senz'aria né luce è a volte più facile che battersi nell'equivoco e nelle lusinghe della normalità.

Oriana Fallaci

Il nesso tra martirio e parola di Dio esclude in maniera assoluta che il beato abbia mai pensato per se stesso all'eventualità della morte violenta alla stregua di quanto avveniva per le altre eroiche vittime della mafia. La figura e l'opera di don Puglisi però non sono omologabili a quelle dei servitori dello Stato e in generale di tutti coloro che si opposero alla mafia, ben consci della possibilità non remota di pagare con la vita.

Certo, «anche colui che cade in una lotta legittima intervenendo per un ordine cristiano di valori nella società, costui, in ultima istanza, da un punto di vista teologico e metafisico, è una vittima "passiva" a uguale diritto rispetto al martire che soffre il martirio solo passivamente secondo il concetto tradizionale»[1], ma la differenza tra la morte di padre Puglisi e quella dei rappresentanti delle istituzioni è chiara e sta nelle motivazioni della condotta base: mentre giudici, poliziotti e altri servitori dello Stato

[1] K. Rahner, in *Regno-Attualità* 10 (1983), p. 220.

pongono a fondamento delle proprie azioni il dovere, la coerenza, l'obbedienza indiscussa alla legge, chi ha fatto della missione cristiana il proprio fulgido codice deontologico risponde sì alle leggi dello Stato, ma *in primis* a quella di Cristo: l'amore di Dio e del prossimo.

Questa distinzione è presente anche in teologia, che su di essa è andata sviluppando le proprie analisi e teorie proprio a partire dai primi anni Novanta. Uno dei più conosciuti teologi italiani, don Pino Ruggieri, così le dà forma proprio all'indomani della morte di don Pino:

> In questi anni in Sicilia è esplosa in maniera inaspettata la testimonianza cruenta dei valori civili, il martirio. Sono ormai a due cifre gli uomini che hanno affrontato consapevolmente il rischio di perdere la vita e che hanno versato il proprio sangue per combattere, nel semplice adempimento del proprio dovere, il fenomeno mafioso. Ma questo martirio è fondamentalmente laico. Non già che manchino i cristiani tra questi nuovi martiri, ma abbonda il numero dei laici dei quali non conosciamo la fede cristiana e anche i cristiani hanno per lo più semplicemente testimoniato il valore dell'impegno civile[2].

E poco oltre:

> Mentre rivedo questi appunti, ricevo la notizia dell'assassinio a Palermo di don Pino Puglisi. Leggendo solo le cronache dei giornali, giacché non ho alcuna conoscenza diretta della persona, mi pare di scorgere qui qualcosa di diverso dalla semplice protesta

[2] G. Ruggieri, *La problematica teologico pastorale di una nuova evangelizzazione. Materiali per un seminario di studio*, in *O Theològos*, NS 11 (1993/2), p. 195. Quanto precedentemente riportato di Rahner è riconducibile, almeno così ci sembra, a una forma di cristianesimo implicito. Il teologo Ruggeri marca la differenza tra la morte di un Puglisi e di un Falcone, tra un martire tradizionale cristiano e un martire laico. Certamente la morte del giudice Falcone o di un poliziotto, sono segno di altissimo valore civile, ma se manca la fede non possiamo equipararli ai martiri cristiani. Naturalmente se il laico, il magistrato, il poliziotto antimafia, il giornalista, che vengono uccisi dalla mafia, vivono la loro santità nella fedeltà al quotidiano e alla vocazione che il Signore ha affidato loro e la loro morte è un segno di una vita spesa e donata e di una vocazione battesimale pienamente vissuta, possono essere oggetto di un'inchiesta ecclesiale che verifichi la possibilità di un iter che li porti alla beatificazione.

civile, qualcosa che si avvicina alla mansuetudine evangelica e manifesta la quotidianità semplice della pastorale della Chiesa[3].

La disponibilità al martirio, anche nell'attimo fuggente della vita, diventa allora il sigillo di quella *voluntaria perpessio* richiesta per il martirio stesso. Il pubblico ministero Matassa, quasi apponendo un sigillo laico al riconoscimento del martirio, scrive:

> Io non dimenticherò mai il sorriso di don Pino Puglisi mentre il medico legale mi indicava il foro della pallottola che lo uccise. Era il sorriso di colui il quale aveva scelto e abbracciato la sua fede e con rassegnazione aveva accettato il suo destino con l'estremo sacrificio[4].

Ma c'è dell'altro. Afferma Scordato:

> Rispetto alla posizione di altri «eroi» la differenza balza agli occhi perché nel caso di don Pino tutto è legato alla sua testimonianza di parroco che ha sposato il suo territorio, la gente che vive in esso, i problemi che compromettono non solo un sano sviluppo sociale, ma compromettono ancora di più un'autentica maturazione religiosa in direzione del Vangelo di Gesù Cristo. Non so neppure se possa essere individuato come eroico l'atteggiamento di don Pino; dell'eroismo non ha l'attitudine ad accettare la sfida o a mostrare la reazione coraggiosa; il suo atteggiamento è piuttosto quello della scelta, che accetta le conseguenze del proprio agire; della continuità con la vita quotidiana, senza deflettere dal proprio impegno e da ciò che da esso è esigito; del ritrovarsi al proprio posto riconoscendolo come luogo della «vocazione» di Dio, anche se gli assassini ne sono realizzatori inconsapevoli. Come Gesù si fa trovare all'Orto degli ulivi, così don Pino si fa trovare in parrocchia o sull'uscio di casa sua pronto a dire: «me l'aspettavo!»[5].

E Deliziosi:

> Rispetto al sacrificio di giudici come Giovanni Falcone e Paolo Borsellino e altri rappresentanti delle forze dell'ordine caduti in

[3] Ivi.
[4] L. Matassa, *Requisitoria*, in *Positio suppletiva*, p. 76.
[5] F.M. Stabile; in *Risposte della Postulazione*, pp. 127-128.

> Sicilia, veri eroi civili della nostra terra, l'esempio di don Puglisi porta con sé qualcosa di diverso e di fecondo specificamente per i cristiani: una lezione e un modello di fede importantissimi da additare come esempio per tutta la comunità negli anni a venire. La motivazione del suo coraggio era differente rispetto a quella di un giudice e trovava le sue radici nell'amore evangelico per i suoi parrocchiani, le pecorelle che gli erano state affidate, e quindi nella fedeltà al suo ministero presbiterale[6].

Insomma, don Puglisi non si sente un eroe e la sua azione ha un sapore inconfondibilmente evangelico, così come escatologica ed evangelica, intrisa della speranza della risurrezione è anche la prospettiva di una morte violenta: la sua disponibilità all'offerta totale e quella dell'abbandono fiducioso a Dio nella fedeltà alla missione di prete. La quotidianità semplice della pastorale della Chiesa è la cifra del suo ministero: il Vangelo che don Puglisi cerca di annunziare e vivere, il Crocifisso che egli ha scoperto come motivo ispiratore della ortodossia e dell'ortoprassi; il Padre che ama presentare nelle sue conversazioni, scardina e quindi rende improponibile il «padrino», la cui figura, più che derisa, ne è annientata: infatti, l'annunzio del Padre di nostro Signore Gesù Cristo è una critica radicale a ogni forma di dominio tra le persone. Dunque,

> Giuseppe Puglisi, presbitero della Chiesa palermitana, è martire cristiano, perché è andato incontro alla morte con gli occhi aperti per essere fedele al suo ministero di prete [...]. Quale la diffe-

[6] F. Deliziosi, in *Risposte della Postulazione*, p. 137. Cfr. anche quanto scrive F. Antonelli: «La preparazione remota al martirio da parte del Servo di Dio è un fatto innegabile, comprovato dalla sua vita virtuosa, dal suo crescente zelo pastorale per la promozione umana e cristiana dei suoi parrocchiani, nella consapevolezza che ciò poteva costargli la vita; dalla fedeltà alla sua missione sacerdotale che non si limitava alla sola catechesi o alla semplice predicazione del Vangelo dall'altare, ma passava all'applicazione dei principi cristiani nella vita pratica dei suoi fedeli, anche dopo le minacce, le intimidazioni e i danneggiamenti subiti dalla mafia. Non era una sfida ai mafiosi, di cui il Puglisi desiderava sinceramente la conversione, ma la coerenza al proprio dovere di pastore che deve aver cura di tutte le pecore a incominciare dalle smarrite, anche quando rischia di rimetterci la vita!». Cfr. *Risposte della Postulazione*, pp. 185-186.

renza con altri uomini uccisi che hanno dato la vita nella lotta alla mafia? Questi si sono immolati per grandi ideali, come la liberazione dalla mafia dei propri concittadini, la fedeltà allo Stato, la dedizione al proprio dovere, la giustizia, l'affermazione della legalità e di una vera democrazia. Questi valori potevano essere presenti anche in Puglisi, in lui tuttavia era preminente la fedeltà a Cristo e al ministero della sua Chiesa[7].

[7] F.M. Stabile, in *Risposte della Postulazione*, pp. 151-152.

VIII.
Il ministero sacerdotale di don Pino Puglisi

La missione sacerdotale, che ha le sue radici durature nella profezia e attinge forza e coraggio dalla paternità dell'apostolo, è missione nella battaglia, in quanto affermazione della causa di Cristo mettendo in gioco la propria esistenza, dove la passione è soltanto la forma estrema dell'azione.

Hans Urs von Balthasar

La figura di don Giuseppe Puglisi riveste un ruolo di grande importanza per il futuro della Chiesa siciliana perché il suo sacrificio è la prima manifestazione di un'insanabile e definitiva rottura; il segno, forgiato nel fuoco del martirio, di un'irreversibile dinamica che la esorta a seguire l'esempio del sacerdote freddato dal killer perché fedele al suo *munus*, in una terra che ancora deve essere totalmente affrancata dalla mafia attraverso la forza straordinaria del Vangelo.

Che sacerdote è stato don Pino Puglisi? Ciò che segue è stato in parte già detto, ma sarà utile ripeterlo per meglio delineare la sua persona.

Approdato a Brancaccio, punta subito sull'evangelizzazione e sulla promozione umana e, valutando la situazione alquanto ardua, si avvale della collaborazione della Federazione Universitaria Cattolica Italiana (FUCI), delle Assistenti Sociali Missionarie (ASM), di alcuni suoi ex alunni e delle Sorelle dei Poveri di Santa Caterina da Siena. Ritiene assolutamente necessario incominciare con un'azione educativa concreta, attirando in primo luogo la gioventù e l'infanzia. Si fa perciò interprete di una pastorale che si lascia interpellare dai bisogni e dalle attese dell'ambiente, sempre fedele al Vangelo e come proiezione del ministero ecclesiale sulla scorta della dottrina sociale della Chiesa. Agisce nella più profonda convinzione che i doveri di un parroco siano ampi e legati allo sviluppo integrale dell'uomo: il parroco deve guardare anzitutto al bene spirituale dei suoi parrocchiani, ma perché sia credibile, quando dall'altare parla di amore, di speranza e di carità, non può ignorare gli stringenti problemi quotidiani della sua gente.

Questa coerenza nell'agire, che egli sperimenta con naturalezza già all'indomani dell'ordinazione sacerdotale, trova fondamento nel sacro Ordine e ha un oggettivo riscontro nel Lettere paoline, là dove l'Apostolo indugia a descrivere fin nei particolari il ministero di cui è stato beneficato da Dio[1].

La sua azione, è in linea, oltre che con la Sacra Scrittura, anche con la norma canonica, e si muove secondo quanto riporta il *Codice di Diritto Canonico* (1983), ai cann. 528 e 839.

> Il parroco è tenuto a fare in modo che la parola di Dio sia integralmente annunciata a coloro che si trovano nella parrocchia [...]; favorisca inoltre le attività che promuovono lo spirito evangelico, anche in ordine alla giustizia sociale; abbia cura speciale della formazione dei fanciulli e dei giovani; si impegni in ogni modo, anche con la collaborazione dei fedeli, perché l'annuncio evangelico giunga anche a coloro che si sono allontanati dalla pratica religiosa o non professano la vera fede (n. 528).
>
> La Chiesa adempie la funzione di santificare anche con altri mezzi, sia con la preghiera mediante la quale si supplica Dio affinché i fedeli siano santificati nella verità, sia con le opere di penitenza e di carità,

[1] Cfr. Rm 12,3; 15,15; 1Cor 3,10; 7,25; 2Cor 4,1; 4,5; 11,23; Ef 3,2.7-8; 1Tm 1,12.14.

> le quali aiutano grandemente a radicare e corroborare il Regno di Cristo nelle anime e contribuiscono alla salvezza del mondo (n. 839).

Questa dimensione sacerdotale, tesa sempre all'evangelizzazione, anche quando si proietta verso la promozione umana, è una costante del suo trentennale ministero.

Decine di documenti e molte testimonianze forniscono dati univoci e concordi su questa continuità. Puglisi non ebbe interessi diversi dall'evangelizzazione, rifuggì da prospettive di carriera ecclesiastica, non inseguì suggestioni accademiche o culturali, non si sentì mai un attivista politico o un assistente sociale.

Vive la stagione conciliare attraverso un intenso impegno pastorale. Riservato e restio alla ribalta, nei vari compiti ricevuti si mostra uomo del dialogo, sempre aperto al confronto. Tutti coloro che lo hanno conosciuto sottolineano la sua capacità di ascoltare in modo partecipativo, di proclamare il Vangelo e di agire per la promozione umana.

Quando nel 1970 viene mandato a Godrano, si trova a contatto con un clima di odio, alimentato da una catena di omicidi tra famiglie nemiche, una vera faida. Eppure sa essere, con finezza pastorale, elemento di riconciliazione cristiana. In un contesto in cui opera anche una forte comunità di protestanti, àncora la sua opera di riconciliazione della faida all'impegno di evangelizzazione. Un giovane sacerdote a lui molto vicino scrive:

> Grazie alla profonda e duratura amicizia con il Movimento Presenza del Vangelo, don Pino pensò di porre in cantiere l'evangelizzazione di base del paese e di affrontare così il grave e delicato problema della riconciliazione tra le famiglie, che si erano inimicate durante la faida. Questa evangelizzazione, che fu portata avanti lungo tutti gli anni del suo ministero a Godrano, portò i frutti sperati[2].

[2] C. Torcivia, *L'itinerario spirituale di don Pino Puglisi*, in *"Padre Pino Puglisi … quale pastorale? Atti della tavola rotonda del 10 maggio 2010"*, Arcidiocesi di Palermo, Palermo 2010, pp. 24-25.

Ma ecco come egli stesso ricorda quegli anni:

Non posso dimenticare una esperienza di Godrano. Prima di essere impegnato nella pastorale vocazionale a livello diocesano e poi regionale, sono stato parroco in un paesino di montagna [...]. Qualche anno prima in quel paesino di mille abitanti c'erano stati quindici omicidi. Nella carneficina delle varie vendette erano state uccise persone che non c'entravano assolutamente [...]. Andavo presso le famiglie e dicevo che in avvento, in quaresima o in altro periodo saremmo andati nelle case, se lo avessero desiderato, per leggere e comunicare il Vangelo. Mi rispondevano: «Beh, arciprete, se lo dice lei, lo facciamo, pazienza!». Lo facevano per farmi un favore. E quindi incominciavamo ad annunciare il Vangelo. Si parlava di pace, di unione, di fraternità[3].
Erano questi i temi ricorrenti. Anche p. Rivilli era venuto[4].
Una signora viene un giorno e mi dice: «Padre, le cose sono due, io non ce la faccio più: se non faccio pace con la madre dell'uccisore di mio figlio non si fa più il cenacolo a casa mia». Dico: «Allora facciamo pace». «Ma come faccio?», mi risponde la signora. Dico: «Lei continui a fare i cenacoli, vedrà che il Signore le darà l'occasione». Le strade d'allora non erano strade asfaltate o lisce. Fatte con l'acciottolato e in questo caso era una fortuna. La madre scivolò e cadde davanti la casa di questa signora che voleva rinunciare al cenacolo. Allora questa corre, la prende in braccio e fanno la pace, nonostante le critiche della gente che disse: «Perché? Non le brucia più il figlio?», quasi che avesse dimenticato il figlio morto. La madre dell'ucciso era felice. Era testimone della speranza[5]. Dove c'è un pensiero di vendetta deve portare questa parola che libera, che dà gioia, questa gioia che è capace di amare, di perdonare[6].

Sempre nei suoi primi anni da prete si impegna a favore della popolazione di un misero e dimenticato borghet-

[3] G. Puglisi, *Testimoni della speranza*, Relazione tenuta al convegno nazionale del Movimento Presenza del Vangelo, Trento, 22-28 agosto 1991, ora in *Positio suppletiva*, p. 42.

[4] Fra Placido Rivilli (1918-1999), fondatore dell'Istituto Secolare Missionari del Vangelo.

[5] A che serve un prete se non a dare speranza?

[6] G. Puglisi, *Testimoni della speranza*, citato in F. Deliziosi, *Don Puglisi*, pp. 228-229.

to, chiamato «lo Scaricatore», un pugno di case costruite sulla battigia dove era stato praticato lo scarico abusivo delle macerie dal centro storico bombardato. Utilizzando il materiale di risulta, alcune decine di famiglie povere vi avevano messo in piedi delle baracche di fortuna. Puglisi va tra loro, parla con tutti, si adopera per la catechesi ai bambini, coinvolge le autorità dello Stato per ottenere qualcosa, riuscendoci.

Di fronte alla violenza e alla vendetta propone con semplicità e totale aderenza l'incontro con il Vangelo, che comunica con tessitura paziente, in piccoli gruppi riuniti nelle case, come cammino di ripensamento e di vera conversione.

Quando l'Arcivescovo gli assegna la guida della parrocchia di San Gaetano a Brancaccio, don Puglisi, ricco delle precedenti esperienze pastorali, accetta con la consueta silenziosa obbedienza l'incarico, che si presentava da subito molto difficile. Dopo tanti anni e diversificati incarichi pastorali, egli tornava a occuparsi del suo vecchio quartiere, un disordinato e disastroso ammasso di case, mezze nuove e mezze in rovina, in buona parte occupate da senzatetto provenienti da altri rioni della città.

I bambini del quartiere costituiscono una sorta di vivaio per le attività dei Graviano. Osserva e comprende che la sua strategia evangelizzatrice, rivolta a tutti i suoi fedeli, non può trascurare quei ragazzi.

Tale atteggiamento, soprattutto in riferimento al predecessore che aveva connotato il suo operato con una decisa azione antimafia, lo espone inizialmente a non poche critiche. Padre Puglisi, con il suo metodo pastorale basato sui rapporti personali, sui colloqui, sul contatto diretto con le persone, con la priorità data all'azione educativa verso i minori, senza propensioni antimafia, appare all'antica e viene giudicato poco coraggioso e, comunque, un segno di discontinuità.

Incontra, allora, i gruppi politicizzati che si erano schierati col parroco precedente. Un testimone oculare,

Mario Renna, oggi sacerdote, ha fatto memoria di questa sua frase:

> La Chiesa non è la sede di un partito o di un circolo ideologico. Al primo posto bisogna sempre mettere la crescita religiosa. Forme di collaborazione sono possibili, ma solo se si tiene a mente questo principio[7].

Proprio la certezza di questo servizio di evangelizzazione costituiva la ragione per cui il cardinale Pappalardo aveva scelto lui per Brancaccio: occorreva garantire una prassi pastorale normale[8]. Ma torniamo al suo ingresso come nuovo parroco.

Arriva dieci minuti prima della Messa vespertina di sabato 6 ottobre 1990, con grande sorpresa dei parrocchiani, che vengono avvisati della novità solo all'inizio della celebrazione: « Voglio prendere contatto silenziosamente con la mia gente », dice il sacerdote a Mario Renna, il volontario che amministrava i fondi della chiesa. Quella sua prima omelia ha come tema *L'Amore che ci qualifica discepoli del Signore*. Egli rivolge agli astanti queste parole per ricordare il senso della comunità:

> Abbiamo letto nel Vangelo: « Io sono la vite e voi siete i tralci ». Ciascuno di noi è un tralcio che dipende dalla vite, cioè da Cristo; se si è uniti a Cristo ognuno è unito all'altro, come è stato dettato nel comandamento dell'Amore[9].

Quanto alla chiarezza con cui, dopo aver osservato la situazione della parrocchia, imposta il proprio lavoro, basta fare attenzione alle sue prime scelte pastorali e anche ai documenti utilizzati per i primi convegni organizzati a Brancaccio.

[7] F. Deliziosi, *Don Puglisi*, pp. 13 e 57.

[8] Una rapida analisi dei registri parrocchiali attesta che durante il suo ministero a Brancaccio ci furono 270 Confermazioni, 203 Battesimi e 19 matrimoni.

[9] F. Deliziosi, *Don Puglisi*, *cit.*, p. 35.

L'11 gennaio 1991, in occasione della prima visita in parrocchia del cardinale Pappalardo, don Puglisi prepara una sintetica relazione sullo studio del territorio fatto in quei primi mesi:

> Dobbiamo elaborare un piano pastorale unitario che dia la possibilità di iniziare una rievangelizzazione e ricristianizzazione della porzione del popolo di Dio residente nel quartiere [...]. Purtroppo nella nostra zona non sono presenti comunità religiose né maschili né femminili[10].

Segue una descrizione del degrado morale e materiale delle famiglie, aggravato dalla quasi totale assenza di strutture civiche: «Si fa presto a dire quel che c'è, tutto il resto manca»[11].

Sin dal principio, insomma, ha cura di ripristinare le normali attività. Riprendono i corsi di catechismo per la prima comunione e quelli per la cresima, ricominciano i corsi di preparazione al battesimo per le famiglie e quelli di preparazione alle nozze per le giovani coppie.

Le prime, piccole novità arrivano dalla liturgia. Una delle due celebrazioni domenicali (quella delle ore 10) viene dedicata e adattata ai bambini: don Puglisi può così usare in libertà un linguaggio semplice, tutto per loro. E li invita «a guardare le cose con occhi nuovi»[12].

In un'omelia per le prime comunioni dice ai ragazzi che avevano concluso il corso di catechismo:

> Abbiamo detto: vogliamo creare un mondo diverso. Ci impegniamo a creare un clima di onestà, di rettitudine, di giustizia che significa compimento di ciò che a Dio piace[13].

[10] Ivi, pp. 36-40.

[11] Ivi.

[12] Ivi, p. 58. Sulla liturgia, il modo di esprimersi e le prime iniziative di don Puglisi è preziosa la testimonianza del giornalista Deliziosi, in quanto testimone oculare, giacché con la moglie aveva frequentato le celebrazioni domenicali sin dall'ottobre 1990.

[13] Ivi.

Per far capire che non si deve deridere chi ha avuto doni minori dalla natura, si fa accompagnare all'altare da Totò, un anziano signore handicappato e perciò fino a quel momento sbeffeggiato da tutti gli adolescenti. E se i più piccoli rumoreggiano durante la Messa, egli non li rimprovera bruscamente, ma spiega che non è affatto disturbato dalla loro vivacità.

Pur avendo molto a cuore il rito e i suoi simboli, e volendo una celebrazione corale e gioiosa, non passava in secondo ordine l'importanza del significato delle formule e della gestualità del sacerdote durante la Messa:

> Non c'è nulla di più sbagliato di ripetere a memoria frasi o gesti di cui si sconosce il significato[14].

Una volta, dall'altare, raccomanda ai parrocchiani di rimettersi in piedi al momento giusto dopo la liturgia eucaristica:

> È doveroso stare in ginocchio durante la rievocazione dell'ultima cena di Cristo, ma quando si dice: «Proclamiamo la tua risurrezione», bisogna essere già alzati, pronti a esultare per Gesù che ha vinto la morte[15].

Un'altra volta spiega:

> All'ingresso in chiesa è giusto farsi il segno della croce con l'acqua benedetta, ma all'uscita non ha significato ripetere questo gesto. Siete già purificati per aver partecipato alla Messa, all'eucarestia[16].

E a questo proposito, in sacrestia acconsente di buon grado alle continue richieste di benedire una pletora di madonnine, santini, quadri, rosari, crocifissi, ma poi, pazientemente, spiega che le statuette e la medaglietta al col-

[14] Ivi.
[15] Ivi.
[16] Ivi, pp. 59-60.

lo con il volto di Cristo non sono antidoti contro la sfortuna o il malocchio:

> Indossiamo pure questi oggetti, teniamoli a casa, ma non come amuleti. Sono simboli per far capire agli altri: è Gesù l'esempio che seguo nella mia vita[17].

Riorganizza tempi e modi della liturgia e fissa per il lunedì pomeriggio un incontro fra quanti si propongono come lettori dei brani delle Scritture, per preparare e far loro capire e meditare in anticipo la parola di Dio. In tal modo essi non farfuglieranno nei nomi ebraici e in altri termini poco consueti. Il gruppo dei catechisti viene scremato, lasciando a contatto con i bambini solo le persone più qualificate. E ai ragazzi del coro prima spiega che la Messa domenicale non è l'occasione per una esibizione di virtù canore, e poi li invita a coinvolgere tutta l'assemblea nel canto[18].

A poco a poco molte famiglie si riavvicinano. Torna a riunirsi un gruppetto di giovani dell'Azione Cattolica. Don Puglisi chiama uno per uno i suoi amici insegnanti di religione, fa conoscere loro Brancaccio (molti non sapevano nemmeno come arrivarci) e allestisce un corso di teologia di base. Chi preferisce meditazioni più semplici sa che il martedì dopo cena c'è un incontro per adulti sul Vangelo di Luca (quello della misericordia, quello che don Puglisi preferiva).

Vedere persone che entrano ed escono da San Gaetano dopo il tramonto è per molti abitanti una sorpresa, ma è il segno di una rinnovata vitalità evangelica incentrata nella parrocchia. Con un pizzico di orgoglio, a gennaio del 1992 don Puglisi può tirare un primo bilancio della sua azione pastorale: «Per le attività programmate occorrerebbero un centinaio di volontari, ma per ora ce ne sono già una quarantina»[19].

[17] Ivi.
[18] Ivi.
[19] Ivi.

Una particolare attenzione è destinata alla formazione e alla preparazione delle persone che si impegnano in parrocchia. Dal novembre del '91 all'aprile del '92 si tiene un corso tutto per loro in dieci incontri, con relatori esterni che affrontano diversi temi. Al termine del corso viene fissato per il 16 giugno 1992 un incontro di verifica:

> Questo vuole essere un momento di fraternità e spiritualità. Se diventiamo il nucleo portante e viviamo il valore della sintonia, della solidarietà, della comunione tra noi, potremo espandere tutto questo intorno a noi. Camminando a due a due uniti verso la meta, lì troveremo tutti insieme il valore dell'Amore e lo diffonderemo intorno a noi[20].

Il sacerdote fa conoscere in quell'occasione un documento di Giovanni Paolo II, *Evangelizzazione e testimonianza della carità*, e confida di avervi trovato profonde consonanze con quanto si stava portando avanti nella parrocchia: «È un trattato sulla carità con delle indicazioni pratiche per la nostra realtà di Brancaccio»[21].

Passata l'estate, organizza un convegno di tre giorni (*Parrocchia, pastorale della carità e territorio*, 14-16 ottobre 1992). E sul dépliant di presentazione fa stampare un brano del documento del Pontefice:

> La carità evangelica, poiché si apre alla persona intera e non soltanto ai suoi bisogni, coinvolge la nostra stessa persona ed esige la conversione del cuore[22].

Nell'ambito della sua azione di evangelizzazione della parrocchia, promuove anche delle missioni popolari. E dice:

> Bisogna cercare di seguire la nostra vocazione, il nostro progetto d'amore, ma non possiamo mai considerarci seduti al capolinea, già arrivati. Si riparte ogni volta. Dobbiamo avere umiltà, coscienza di

[20] Ivi, pp. 124-125.
[21] Ivi.
[22] Ivi.

avere accolto l'invito del Signore, camminare, poi presentare quanto è stato costruito per poter dire: sì, ho fatto del mio meglio[23].

L'idea, ripresa dalla tradizione postridentina, è aggiornata secondo nuovi modelli pastorali, ma lo scopo resta quello di un'intensa immersione nella ricerca vocazionale dei singoli e di riflessione sull'azione della comunità.

Le *Missioni popolari* si svolgono a Brancaccio dal 22 al 29 marzo 1992 e dal 22 al 25 marzo 1993. Le prime vengono progettate tenendo conto di quelli che egli considera i pilastri di ogni attività della Chiesa: la ricerca per ogni singolo uomo della propria vocazione e l'investimento di questo dono, di questo talento in opere concrete nella comunità, nel territorio. Scriveva:

> Nella parrocchia tutta la pastorale dovrebbe essere attraversata dalla linea vocazionale insieme con la linea missionaria: tutti chiamati, tutti mandati[24].

La settimana delle *missioni* è annunciata con un volantino a tutti i credenti cattolici residenti[25]. In una riunione con i volontari, precisa chi fossero i destinatari degli incontri:

> Le *Missioni* vengono fatte per quelli che chiamiamo «piuttosto lontani dalla Chiesa». Non si tratta dei «lontani», cioè quelle persone che hanno scelto di vivere la loro vita senza Dio: chi fa o ha fatto esplicitamente professione d'ateismo non verrà. Verrà invece chi ha dentro una ricerca, chi magari si è allontanato per esperienze personali non positive. Verrà e può darsi che si senta attratto da un laico, da una suora per discutere questi problemi[26].

[23] F. Deliziosi, *Don Puglisi*, p. 234

[24] Ivi, pp. 143-146. Gli originali con i programmi delle *Missioni popolari* dei due anni sono in *Archivio Giuseppe Puglisi*. Da questi dattiloscritti sono tratti tutti i virgolettati sugli argomenti prescelti dal Beato per le riunioni e i suoi suggerimenti per i volontari.

[25] F. Deliziosi, *Don Puglisi*, p. 143

[26] Ivi. Queste citazioni sono tratte dalla registrazione di una relazione ai volontari tenuta dal parroco l'8 gennaio 1992 in preparazione delle *Missioni* (il testo completo in *Archivio Giuseppe Puglisi*).

I temi sono modulati su un percorso di quattro sere. Ecco come li illustra:

> Il primo tema è il più coinvolgente per tutti: che senso ha la vita? Chi è l'uomo? Sono domande che tutti gli uomini si pongono, a tutte le età della vita. Si cerca sempre l'indirizzo, la direzione da dare alla propria vita. La cultura di oggi dà delle risposte: ricchezza, potere, successo a livello egoistico, il piacere come regola. Noi possiamo ripartire invece da alcune frasi evangeliche: «Che giova all'uomo guadagnare il mondo intero, se poi rovina se stesso?» (Lc 9,25)[27].

La seconda sera il tema si sposta sulla figura di Gesù, «l'uomo che ha realizzato in pieno il progetto di Dio»[28]. Don Puglisi svela i presupposti teologici di questa impostazione e dà poi due consigli ai volontari:

> La risposta alla domanda di senso è nella Bibbia, è l'antropologia biblica. Certo, noi non andremo dalla gente a dire: la risposta alle vostre domande è l'antropologia biblica! Lo dico per intenderci tra di noi[29].

Il secondo consiglio è meno scherzoso:

> Come parlare di Cristo? Dobbiamo cercare di presentare da innamorati la figura di Cristo per sperare che ci stiano a sentire. Ciascuno di noi dovrà fare da mediatore, dovremmo fare innamorare gli altri di Cristo, ma logicamente occorre che già noi siamo carichi di questo innamoramento. Lo scopo è raggiungere la consapevolezza, e lo faremo approfondendo il tema della terza sera, che non siamo uniti a Cristo se non siamo uniti tra di noi; che siamo un corpo dove ogni membro è al servizio delle altre membra[30].

Illustra poi le tre condizioni «dell'amicizia tra Gesù e noi»[31]:

[27] Ivi.
[28] Ivi.
[29] Ivi.
[30] Ivi.
[31] Ivi.

Primo, la disponibilità a dare tutto, anche la propria vita. Secondo, il dialogo sincero a tutto campo. Terzo, l'apertura all'amore universale»[32].

Seguendo la metafora del corpo e delle membra, si concede qualche altra battuta:

> Possiamo così iniziare il discorso delle varie vocazioni nella comunità. Le membra sono uguali nella dignità ma diverse nelle funzioni. C'è quindi unità nella complementarità. Ma come nel corpo ci sono degli organi «funzionalmente essenziali», così è pure nella comunità. Senza un braccio io potrei anche vivere, senza il cuore no! Senza il cervello meno ancora, anche se c'è chi vive senza cervello... [...]. Nella comunità non deve esserci appiattimento, nessuno vuole livellare le persone, siamo tutti diversi, tutti «fuori serie». Altrimenti bisognerebbe stabilire la statura standard e passare sopra una pialla per livellare tutti[33].

La quarta sera ha come tema: Signore, che cosa vuoi da me? Spiega: «È il momento di aiutare a discernere la propria vocazione e di coinvolgere nell'impegno all'interno della comunità»[34].

Nella traccia consegnata ai volontari si legge che l'incontro si sarebbe chiuso con la lettura della parabola delle dieci mine lasciate a dieci diversi servi, che le fanno fruttare o meno (Lc 19,12-26). E conclude:

> Ciascuno ha il suo dono e non può gestirlo a suo esclusivo uso e consumo, ma deve condividerne i benefici con gli altri. Tutti chiamati, tutti mandati[35].

A questa dimensione di natura strettamente evangelizzatrice si affianca una vasta, silenziosa e operosa attività caritativa. Padre Puglisi segue, tra l'altro, anche famiglie di pregiudicati agli arresti domiciliari. Scrive lettere e offre

[32] Ivi.
[33] Ivi.
[34] Ivi.
[35] Ivi.

conforto pure ai detenuti dell'Ucciardone. A questi invia una commovente lettera in occasione del Natale del 1992:

> A Natale è forte il desiderio di stare insieme ai nostri cari. È nostra intenzione, se ci sarà permesso e se lo vorrete, venirvi a trovare per portarvi una parola di conforto. E vorremmo che, quando sarete liberi finalmente, questo contatto continui nel centro di accoglienza, perché riteniamo che, incontrandoci e parlandoci, si possano creare le condizioni di spirito per vivere con quella serenità necessaria per affrontare in maniera diversa le difficoltà della vita[36].

Il programma del secondo anno delle *Missioni popolari* è di sviluppo e completamento del primo. Le tematiche vocazionali sono ampliate e si punta più esplicitamente all'analisi dell'insegnamento di Gesù come liberazione dei cuori dalle schiavitù terrene. Anche in questo caso si formano coppie di volontari che vanno nelle case a orari stabiliti, anche serali: un volontario del Centro Diocesano Vocazioni si accompagna a uno della parrocchia in modo da rendere evidente la presenza esterna al quartiere e favorire lo scambio spirituale e culturale tra gli stessi volontari.

Il 22 marzo 1993 il primo incontro ha come tema Gesù e se stesso: la cura che Gesù ha avuto di se stesso per la sua maturazione umana. Nel programma si legge che lo scopo di questo incontro è di

> stimolare all'autoformazione permanente alla sequela di Gesù; formazione alla libertà di discernimento per le scelte fondamentali della vita e le scelte quotidiane nella realizzazione del progetto e della missione che Dio ci affida[37].

Il brano che il sacerdote segnala come conclusivo della prima serata delle *Missioni* è particolarmente significativo:

[36] F. Deliziosi, *Don Puglisi*, p. 139.

[37] Anche il programma completo del secondo anno delle *Missioni popolari* è in *Archivio Giuseppe Puglisi*. Questo programma del secondo anno, molto significativo perché stilato a meno di sei mesi dal delitto, era stato finora trascurato dagli studi.

> Diceva dunque Gesù ai Giudei che avevano creduto a lui: «Se rimanete nella mia parola, siete veramente miei discepoli e conoscerete la verità e la verità vi farà liberi»[38].

Nella seconda giornata il tema è il rapporto di Gesù con il Padre con lo scopo di sollecitare il desiderio di preghiera costante. Nel terzo giorno il titolo è Gesù e gli altri uomini:

> Toccato dall'amore di Gesù Cristo, il cristiano deve sentirsi chiamato, a sua volta, a realizzare il suo progetto di promozione e di liberazione di sé e degli altri uomini[39].

Seguono le indicazioni delle letture evangeliche cominciando dal brano di Zaccheo (Lc 19,1-10) con questo testo:

> Gesù tocca il cuore di Zaccheo chiamandolo per nome, cioè lo conosce, interpreta fino in fondo la necessità e la miseria di lui; gli si avvicina con simpatia, con volontà di comprensione, lo scuote dal torpore, gli fa fare qualcosa, suscita l'attività, la speranza e il bisogno del nuovo, della salvezza. La sua misericordia si esplicita in una tenerezza che è unita alla esigenza della conversione, e diventa amicizia offerta a tutti (Gv 15,15) e condivisione della Parola e persino dono della vita (15,13) e non solo nel momento supremo ma nel servizio costante di ogni momento (leggere Gv 13,1-17). Come lasciarci liberare e rinnovare dalla sua Parola che ci chiama, con dolcezza ma con fermezza, alla conversione del cuore e alla vera gioia?[40].

Il capitolo 15 di Giovanni è quello che si apre con la vite e i tralci: era stato l'argomento della prima omelia al suo arrivo a Brancaccio. Il versetto 13, scelto sotto l'incubo delle minacce e a pochi mesi dall'uccisione, porta in sé il significato di tutta la sua vita: «Nessuno ha un amore più grande di questo: dare la vita per i suoi amici»[41].

[38] Ivi.
[39] Ivi.
[40] Ivi.
[41] Ivi.

Ma questo sacrificio è solo la traduzione concreta dell'Amore di Cristo.

La quarta sera le *Missioni* si concludono col tema *Che cosa dobbiamo fare fratelli?* (At 2,37-41), con lo scopo di sollecitare l'impegno personale e comunitario[42]. Nella traccia si legge:

> Ripercorrendo il cammino delle tre sere precedenti sollecitare un progetto di vita personale e di inserimento-coinvolgimento nella vita e nei servizi della comunità parrocchiale[43].

La parrocchia di San Gaetano, in tal modo, con un lavoro quotidiano e attraverso uno stile di incontro personale, diventa un centro di riferimento per tutti gli abitanti del quartiere, che vi trovano un'alternativa alla triste e violenta realtà ambientale.

42 Ivi.
43 Ivi.

IX.

Incarnazione del messaggio di don Puglisi

La missione di evangelizzazione della Chiesa comprende un'energica e sostenuta azione a favore della giustizia, della pace e dello sviluppo umano integrale. Non adempiere a questi compiti significherebbe venir meno all'opera di evangelizzazione; sarebbe tradire l'esempio di Gesù che venne «per annunziare ai poveri un lieto messaggio» (Lc 4, 18); sarebbe un rifiuto delle conseguenze dell'Incarnazione, nella quale «il Verbo si fece carne» (Gv 1, 14).

Giovanni Paolo II

Verbalismo, estetismo e moralismo sono tre difetti che a volte, ai giorni nostri, macchiano l'agire della Chiesa e dei suoi ministri. Il primo è inteso come «abuso della parola», non quella essenziale al messaggio cristiano, ma quella che si perde in prese di posizioni, atteggiamenti che poco hanno a che fare con i contenuti di fede e che spesso sono solo opinioni discutibili e gratuite. Il secondo si caratterizza come mancanza di semplicità. Il terzo si concretizza in una serie di atteggiamenti (ragionamenti, espressioni, comportamenti) che esprimono esteriormente virtù evangeliche, poi contraddette nella pratica[1].

[1] V. Albanesi, *I tre mali della Chiesa in Italia. Ritrovare futuro*, Àncora, Milano 2012, p. 176.

Nulla di tutto ciò si rinviene nella vita e nell'opera di don Puglisi, caratterizzate invece da altri tre ma differenti e fondamentali punti: la Parola, le parole, i fatti. La prima ha illuminato la sua vita, con le seconde ha formato le coscienze, con i fatti e con il martirio ha fatto della sua esistenza un capolavoro di fede e dignità.

Un secolo prima, all'incirca, il medico e sacerdote Giacomo Cusmano aveva fatto le medesime cose per affrancare i poveri, gli esclusi, gli ultimi dall'avvilente condizione di miseria e di ignoranza totale, innalzandoli alla dignità sacramentale. E don Puglisi aveva ben chiaro in mente il bisogno di ripristinare il volto umano della comunità per giungere a una dimensione diffusa della condivisione del Vangelo[2]. Il suo obiettivo pastorale si traduce così, in ambito sociale, in un'evangelizzazione a tutto campo, con un'attenzione preferenziale alle giovani coppie, ai ragazzi, agli adolescenti. In tutta questa sua azione ministeriale egli ha il pieno appoggio del suo Arcivescovo. Il cardinale Salvatore Pappalardo lo conosceva già, lo aveva sostenuto durante le sue iniziative nella zona dello «Scaricatore», lo aveva nominato responsabile del Centro Diocesano Vocazioni. Lo aveva appoggiato senza riserve nell'acquisto della palazzina del Centro «Padre Nostro» fornendo i trenta milioni di lire necessari per la caparra e approvando l'arrivo delle Sorelle dei Poveri di S. Caterina da Siena a Brancaccio, come desiderato dal sacerdote. Il Presule acconsente alla sua richiesta di avere Gregorio Porcaro (ancora diacono) come aiuto nella parrocchia e lo mantiene in quell'incarico dopo l'ordinazio-

[2] Scrive Rahner: «Solo se impegni tutta la tua esistenza nel ministero sei il prete che devi essere [...]. Il tuo essere cristiano è il tuo essere sacerdote e viceversa [...]: è un ufficio che va pagato con tutta un'esistenza, altrimenti la distrugge, perché esso occupa tanta parte della vita da mutilarla mortalmente, se questa volesse tenersi libera e lontana dai compiti ufficiali della Chiesa». K. Rahner, *Ministero sacerdotale e santità,* in *Don Pino Puglisi prete e martire*, Edizioni Il Pozzo di Giacobbe, Trapani 2000, p. 43.

ne. Infine, lo nomina direttore spirituale di alcune classi del seminario, incarico particolarmente delicato, che attesta la sua stima nel sacerdote come educatore evangelico. Ancora, nella prefazione a un volume di Francesco Deliziosi pubblicato nel 1994, il cardinale scrive che aveva deciso quella nomina «pensando che la sua azione formatrice avrebbe influito per preparare nella nostra Chiesa sacerdoti validi ministerialmente e pastoralmente»[3].

Sottolinea invece il cardinale Salvatore De Giorgi:

> Don Pino Puglisi è stato un grande educatore impegnato nell'opera di prevenzione da ogni forma di degrado morale e sociale. Ha fatto certamente opera di prevenzione della più destabilizzante forma di degrado, quella provocata dalla mafia e dalla mentalità mafiosa, per la quale ha pagato con la vita. Ma, più ampiamente, ha fatto opera di prevenzione da tutto ciò che insidia, inganna, seduce, plagia e rende schiava la gioventù[4].

In Puglisi, in effetti, ogni discorso ministeriale è sempre legato al Vangelo e all'insegnamento della Chiesa; il segno distintivo della carità del prete siciliano è quello di contribuire alla crescita della persona umana, all'accoglienza dei lontani, all'edificazione della Chiesa per la costruzione di una comunità più solidale, giusta, cristiana. Opportuna, al riguardo, è la riproposizione di uno scritto di Lia Cerrito:

> Era da poco parroco di San Gaetano e durante il Convegno Movimento Presenza del Vangelo (Trento 1991) pensò alla casa di accoglienza a Brancaccio [...]. [Chiamandola «Padre Nostro»] volle significare come la preghiera del Signore fosse «esplosiva» e avesse delle precise conseguenze sul piano sociale. Fu operaio del Regno in tutte le mansioni che gli venivano affidate. Ma gli fu

[3] F. Deliziosi, *3 P, Padre Pino Puglisi*, prefazione del Cardinale Salvatore Pappalardo, Paoline, Cinisello Balsamo 1994, p. 8.

[4] S. De Giorgi, *Omelia in occasione dell'assemblea diocesana*, Palermo, 15 settembre 2000. Durante il suo ministero episcopale a Palermo il cardinale Salvatore De Giorgi ha stigmatizzato in oltre 40 interventi il fenomeno della mafia: interventi che si trovano pubblicati nel bollettino diocesano.

cara, soprattutto, quella di edificare il Regno nel cuore dei giovani; era convinto che la malavita, l'arroganza, la prepotenza e la violenza si combattono con l'educazione; per questo l'azione intrapresa a Brancaccio era di evangelizzazione e di educazione[5].

Dunque, l'evangelizzazione in senso stretto è il cuore del suo agire. Anni di intenso ministero sacerdotale: una educazione teologica intelligentemente aggiornata secondo le indicazioni postconciliari del Magistero, l'obbedienza e l'ascolto del proprio Pastore e la certezza della necessità dell'azione educativa rivolta ai più piccoli, costituiscono le dimensioni centrali e imprescindibili per ogni altro compito che don Puglisi avverte come urgente e necessario per essere testimone di Cristo.

Il suo esempio diviene l'emblema di un cristianesimo siciliano vissuto con quella radicalità delle scelte che rende differenti i corsi delle vicende umane, ispirato all'attuazione rigorosa, intelligente e puntuale del Magistero e della dottrina sociale della Chiesa. Lo dimostra l'attenzione scrupolosa riservata all'osservanza dei precetti racchiusi in due documenti del tempo, da lui interiorizzati.

Il primo è del 18 ottobre 1989. È *Chiesa italiana e Mezzogiorno. Sviluppo nella solidarietà*. I Vescovi italiani si ripresentano all'opinione pubblica nazionale mossi, ancora una volta, da una preoccupazione di tipo etico. Hanno di mira, come scrivono, «un impegno di sviluppo autonomo e integrale delle regioni meridionali» (n. 4), ma nella consapevolezza della pluralità dei contesti, dal momento che «il Mezzogiorno d'Italia non è una realtà omogenea» e che la questione meridionale è «una questione nazionale» (n. 7), in quanto denota una crisi che è non soltanto del Sud, ma di tutto il Paese. Alla fine degli anni Ottanta esiste ancora un ritardo del Mezzogiorno rispetto alla nazione, ritardo da colmare non tanto con il benesse-

[5] L. Cerrito, *Come in cielo così in terra*, San Paolo, Cinisello Balsamo 2001, p. 17.

re materiale, bensì «nella capacità di produzione e nell'occupazione» (n. 8).

La diagnosi della situazione del Sud nel più vasto contesto peninsulare procede affrontando il lavoro, le distorsioni dello sviluppo, la persistenza di valori tipici del Sud, di un suo *ethos*, ma anche i tanti rapporti di dipendenza da meccanismi interni, distorti a opera della mediazione dei politici e/o dei gruppi di potere locali in genere. Tutto ciò, dicono i Vescovi, ha generato una «modernizzazione senza un vero e proprio sviluppo» (n. 13). Ai nostri fini appare molto forte la denuncia della criminalità organizzata, definita «una malattia, un cancro» (n. 14), a cui rispondere con la legalità, la «trasparenza etica di chi governa» e «un comportamento onesto di ogni cittadino».

Di fronte a tale quadro il compito primario della Chiesa viene ripresentato come servizio alla formazione delle coscienze, in vista della stabilizzazione di una condizione di legalità. Ecco la ricetta dei Vescovi: «Bisogna superare il vittimismo e la rassegnazione, riattivare la moralità, la certezza del diritto, la stabilità nelle regole della convivenza sociale, la sicurezza della vita quotidiana [...]. Sono necessari, e doverosi, l'aiuto e la solidarietà dell'intera nazione, ma in primo luogo sono i meridionali i responsabili di ciò che il Sud sarà nel futuro» (n. 15).

Un documento denso, analitico, coraggioso e profetico quello episcopale del 1989, che si chiudeva con la consapevolezza che l'intera Chiesa e il Paese tutto non si sarebbero salvati se non insieme, che non ci saremmo cioè rialzati se non dopo aver compiuto uno sforzo comune e collettivo. Un grido, insieme di dolore e di speranza, un memento e un'invocazione: la Chiesa dell'intera Italia si faceva finalmente carico delle attese dei problemi del Mezzogiorno. Ma quel grido accorato non dimenticava, anzi lo sottolineava, che le genti del Sud avrebbero dovuto assumere la responsabilità del proprio riscatto, riappropriarsi del proprio destino e del proprio futuro, del proprio sviluppo, finora giudicato distorto, arretrato e incompiuto: il che voleva dire liberarsi, per prima cosa, del cancro della mafia e della delinquenza organizzata.

Concetti forti, che trovano subito eco nell'operato del parroco di Brancaccio, come dimostrano alcuni stralci di una relazione dell'assistente sociale Maria Emanuela Sanfratello:

> Il Centro di Accoglienza si pone i seguenti obiettivi: promozione umana e sociale; coinvolgimento delle istituzioni nella presa di coscienza e nella soluzione dei bisogni del quartiere; promozione della socializzazione a favore dei minori, adolescenti e anziani; coinvolgimento della popolazione nella partecipazione alla vita del quartiere; promozione dell'integrazione sociale tra le diverse realtà [...]. Per la realizzazione degli operatori coinvolti alla realizzazione del centro, un corso sul volontariato, che si è tenuto nei locali parrocchiali dal mese di novembre 1991 al mese di aprile 1992 con incontri quindicinali. Nell'incontro tenutosi il 7/1/1992, sul tema *Il volontariato: un segno della carità evangelica*, il Servo di Dio parla del volontariato nel seguente modo:
> «Il volontariato è un servizio stabile, reso gratuitamente senza scopo di lucro. Deve essere un servizio qualificato, organizzato, non occasionale. Coloro che si dedicano al volontariato non devono essere spinti solo dal sentimento ma da un reale desiderio di aiutare il prossimo. Non si aiuta l'altro per autogratificarsi, per sentirsi meglio, ma per mostrare quel reciproco amore che esiste tra l'uomo e Dio. Aiutare il prossimo significa mettere in pratica quei valori contenuti nel Vangelo. Non dobbiamo aiutare a parole ma con i fatti e nella verità. "Non si può amare Dio che non si vede se non si ama il fratello che si vede" (1Gv 4,20)».
> Nell'incontro tenutosi in data 18/02/1992 con il gruppo dei volontari, il Servo di Dio sottolinea: «Volontariato = amore senza speranza di ritorno, senza reciprocità; il volontariato non deve aspettarsi qualcosa in cambio, ma deve donare con umiltà, condividere in libertà, servire gratuitamente. Dal volontariato può nascere l'amicizia perché l'amore genera l'amicizia. I volontari devono aiutarsi reciprocamente, devono creare una complementarità di conoscenza, conoscenze pure tecniche, per divenire autonomi e attenti alla fame materiale, alla fame intellettuale, alla fame della parola di Dio».
> Contemporaneamente al corso di formazione per volontari, il Centro ha iniziato l'attività di alfabetizzazione per ragazzi di età compresa tra i 14 e i 21 anni che non avevano conseguito la licen-

za elementare. Tale attività è stata condotta da un gruppo di volontari che giornalmente aiutavano i ragazzi e li supportavano anche nei momenti difficili. Questa è stata una delle prime iniziative che ha permesso alla gente di Brancaccio di avvicinarsi al Centro attraverso un servizio rivolto a ragazzi che già da tempo avevano abbandonato la scuola, con lo scopo di valorizzare le capacità di ciascuno.

Il 16/06/1992 [...] si è tenuta la prima assemblea pastorale [...]. Il Servo di Dio si è rivolto ai presenti nel seguente modo: «Questo vuole essere un momento di fraternità e spiritualità. Se diventiamo il nucleo portante ed espandiamo il valore della sintonia, solidarietà, della comunione tra noi, se lo viviamo, lo potremo espandere attorno a noi. Se sapremo camminare a due a due uniti verso la meta, lì troveremo tutti insieme il valore dell'amore e lo vivremo insieme e lo diffonderemo intorno a noi. Vivere nell'amore, nella comunione fraterna, vale per chi si vuole porre per un servizio di amore». E citando il documento della CEI, *Evangelizzazione e testimonianza della carità* dice: «Questo documento è un trattato della carità con delle indicazioni pratiche per la nostra realtà di Brancaccio» [...].

Il 29 gennaio 1993 viene inaugurato il Centro di Accoglienza «Padre Nostro». In questa occasione il Servo di Dio ringrazia la Provvidenza per i doni elargiti e per l'opportunità di inaugurare questo Centro, ringrazia tutti coloro che si sono prodigati economicamente e con attività per la costituzione e il funzionamento del Centro, racconta brevemente com'è sorto il Centro e, rivolgendosi a Sua Eminenza il cardinale Salvatore Pappalardo, sottolinea come il suo appoggio sia stato determinante per l'attuazione di questa prima risposta sociale nel quartiere.

In data 4/2/1993 si è svolto alla Prefettura di Palermo un incontro avente come ordine del giorno: verifica del lavoro svolto sul fenomeno della dispersione scolastica; problemi dell'edilizia scolastica. [...] In questa occasione il Servo di Dio, dopo aver presentato le problematiche del territorio di Brancaccio, sottolineando la densità della popolazione, ha denunciato la mancanza di una scuola media nel quartiere [...].

In data 6/3/1993 si è svolto un incontro presso il Servizio Sociale Distrettuale per i minori [...] per presentare le attività del Centro «Padre Nostro» e per progettare attività a favore dei minori a rischio di devianza [...]. Inoltre si fa presente che il Centro «Padre Nostro» ha avviato un corso di alfabetizzazione con la collaborazione della scuola (elementare, nota del collaboratore esterno) «Orestano» per i ragazzi dai 12 ai 14 anni. [...]

> In data 12/06/1993, nella «Casa della Gioia», si è svolta l'assemblea degli operatori socio-pastorali della Parrocchia di San Gaetano [...]. In questa occasione il Servo di Dio ricorda la sua prima celebrazione eucaristica come parroco a Brancaccio durante la quale, nell'omelia, ha sottolineato la seguente frase: «Io sono la vite e voi siete i tralci». Con questa frase il Servo di Dio inizia la riunione per ricordare ai presenti il senso della comunità datoci da Cristo: «Ciascuno di noi è un tralcio che dipende dalla vite, cioè da Cristo. Se si è uniti a Cristo ognuno è unito all'altro come è stato dettato dal comandamento dell'amore. Pertanto l'essere comunità comprende: l'ascolto della Parola di Dio, la liturgia: l'accoglienza dei sacramenti, il servizio di carità: aiuto reciproco»[6].

Ma alla tessitura di tale *habitus* mentale, culturale e spirituale, come detto, contribuisce anche un'altra nota pastorale, pubblicata dalla CEI il 4 ottobre del 1991, dal titolo *Educare alla legalità*. Un documento bello, forte e significativo, nel quale i Vescovi si chiedevano, con una punta di autocritica, se non fosse arrivato il momento di «riflettere non tanto su come gli altri rispettano il principio di legalità, quanto su come noi – cristiani e cittadini – lo viviamo, in ordine a delle norme»[7].

Educare alla legalità vedeva la luce in un momento storico tra i più tormentati, turbolenti, pericolosi, socialmente esiziali del nostro contesto socio-culturale. Si respirava, infatti, un'atmosfera malsana, che sapeva di malaffare, di illeciti sempre più diffusi, di collusioni tra pubbliche amministrazioni e gente dalle mani sporche. Era ormai venuta fuori la prima stagione di «tangentopoli», contro la quale si sarebbe mossa la Magistratura (soprattutto milanese). Mentre finivano in carcere molti industriali e un certo numero di onorevoli e di funzionari pubblici, la ma-

[6] M.E. Sanfratello, *Il Centro d'Accoglienza Padre Nostro*, in *Archivio Giuseppe Puglisi*, b. V, fasc. 1.

[7] Conferenza Episcopale Italiana, Nota pastorale *Educare alla legalità*, in *Enchiridion* CEI 5 (1991-1995), EDB, Bologna 1996, 525.

fia ne usciva rafforzata dalla certezza di poter ricattare le autorità politico-governative più o meno implicate. L'arroganza ricattatrice di Cosa Nostra si spinse, anzi, là dove mai era arrivata prima: tra le sue numerose vittime si contano addetti alle forze dell'ordine, magistrati, sindacalisti, giornalisti, funzionari di banca, commercianti che non avevano voluto pagare il pizzo.

In questo contesto, *Educare alla legalità* delinea le condizioni per l'instaurazione di una genuina legalità: l'esistenza di chiare e legittime regole di comportamento che, temperando gli istintivi egoismi individuali o di gruppo, antepongano il bene comune agli interessi particolari; la correttezza e la trasparenza dei procedimenti che portano alla scelta delle norme e alla loro applicazione, in modo che siano controllabili le ragioni, gli scopi e i meccanismi che le producono; la stabilità delle leggi che regolano la convivenza civile; l'applicazione, anche coattiva, di queste regole nei confronti di tutti, evitando che siano solo i deboli e gli onesti ad adeguarvisi, mentre i forti e i furbi tranquillamente le disattendono; l'efficienza delle strutture sociali, che consentano a tutti, senza bisogno di protezioni particolari, l'attuazione dei propri diritti, in modo da evitare la beffa di una proclamazione di diritti cui non segue l'effettivo godimento; l'attenzione privilegiata agli interessi giusti e meritevoli di tutela legislativa di coloro che, a motivo della loro debolezza, non hanno né la voce per rappresentarli, né la forza per imporli alla considerazione degli altri; la necessità che i vari poteri dell'organizzazione statuale non sconfinino dai loro ambiti istituzionali e che la loro funzione di reciproco controllo non sia elusa mediante collegamenti trasversali tra coloro che vi operano, perché appartenenti a partiti, o a gruppi di pressione o di potere, o peggio ad associazioni segrete.

Suggerimenti e indicazioni che acquistano forza e rilievo ancora maggiori in seguito alle parole tremende, profetiche e forti pronunciate da Giovanni Paolo II, il 9 maggio

1993, nella Valle dei Templi ad Agrigento: «Convertitevi, un giorno arriverà il giudizio di Dio!»[8]. Grazie ad esse, le Chiese particolari del Sud si renderanno sempre più conto della gravità del fenomeno mafioso.

> Giovanni Paolo II, che invoca il giudizio di Dio e indica la mafia come peccato sociale, è il primo a parlare con categorie ecclesiali. Già il cardinale Pappalardo aveva preso le distanze dalla mafia, ma lo aveva fatto sostanzialmente con categorie civili. Con il discorso del Papa si aggiunge qualcosa di nuovo. Il martirio di Puglisi è collegato: fa comprendere che la resistenza alla mafia non si gioca solo sul piano civile, ma con il retroterra di fede dei credenti. È un passo in avanti anche nel modo di intendere il ministero sacerdotale[9].

È in questa temperie, dunque, che conosce un nuovo, determinante impulso il processo di maturazione della coscienza ecclesiale nei rapporti con la mafia. Come avrebbe evidenziato nel 1994 il compianto monsignor Cataldo Naro, nel tempo la dinamica delle relazioni era andata assumendo fisionomie diverse: in un primo momento, quello del totale silenzio ecclesiale verso la mafia[10], questa era considerata un fenomeno locale; in un secondo tempo (coincidente con la lettera del cardinale Ruffini del 1964), si trasforma in denuncia del fenomeno, tuttavia viziata da un'evidente dipendenza da stereotipi sicilianisti e anticentralisti; segue poi il periodo degli anni Settanta e Ottanta, in cui le parole sono prese a prestito dalla mobilitazione antimafia della società civile; infine, anche grazie

[8] Il discorso di Giovanni Paolo II è riportato in *Positio suppletiva*, pp. 92-94.

[9] In A. Valle, *La lezione di don Pino*, in *Jesus* 25 (2003/9), p. 53.

[10] Asserisce al riguardo proprio Naro: «La strategia del silenzio, la quale per lunghissimo tempo ha connotato l'atteggiamento della Chiesa siciliana di fronte alla mafia, dapprima è riuscita a trovare una motivazione nella troppo comoda sottovalutazione del fenomeno, poi in una evangelizzazione debole e finalmente in una compromissione della Chiesa siciliana col mondo»: C.C. Canta e S. Rizza (a cura di), *Non facciamo come lo struzzo – L'impegno intellettuale di Cataldo Naro tra ricerca storica, analisi sociologica e ripensamento della prassi, Atti del convegno tenutosi a Caltanissetta il 18 ottobre 2008*, Sciascia editore, Caltanissetta 2009, p. 199.

al ricordato intervento di Giovanni Paolo II e al martirio di don Puglisi si arriva all'uso del linguaggio proprio, con esplicita intenzionalità di fede, con parole essenziali come peccato, giudizio di Dio, diavolo, martirio[11].

> La Chiesa non poteva rimanere neutrale, doveva testimoniare Cristo come unico Signore Crocifisso e stare dalla parte dei poveri e degli oppressi [...] L'odio contro Puglisi era odio contro una Chiesa che cambiava e che non era più neutrale verso la mafia[12].

In questi anni, insomma, ci si accorge così di quanto importante sia la formazione di un'autentica coscienza sociale come parte integrante della formazione cristiana e dell'impegno pastorale, alla maniera di Puglisi[13], nella convinzione che «il mondo, anche questo terribile, intricato mondo di oggi può essere conosciuto, interpretato, trasformato e messo al servizio dell'uomo, del suo benessere, della sua felicità. La lotta per questo obiettivo è una prova che può riempire degnamente una vita»[14].

Lo diceva, più di trent'anni fa, un uomo certo non frequentatore di sacrestie, ma profondamente rispettoso della Chiesa e dei suoi valori: Enrico Berlinguer. Il suo dire sprona, ieri come oggi, a una maggior consapevolezza, spingendo i cristiani a concretizzare il proprio impe-

[11] Cfr. C. Naro, in *Studium* 4 (1994), pp. 592 ss. Sulla stessa lunghezza d'onda il segretario della CEI, Mariano Crociata, che nel 1995 affermava: «Non si può ignorare che il cammino verso una coerente e concorde lettura della realtà mafia è appena agli inizi» (M. Crociata, *Martirio e vita cristiana oggi e qui: spunti di approfondimento*, in *Notiziario centro studi sulla cooperazione Arcangelo Cammarata* 18 (1995), p. 7. Interessanti, sull'argomento, anche F. Renda, *Non era solo la Chiesa a sottovalutare la mafia*, in *Giornale di Sicilia* del 9 maggio 1993; F.M. Stabile, *Sicilia devota e committenza artistica dopo il Concilio di Trento*, in Aa.vv., *Pietro Novelli e il suo ambiente*, Flaccovio, Palermo 1990, pp. 21 ss.; N. Fasullo, *Perché la Chiesa ha taciuto*, in *Micromega* 5 (1993), p. 163.

[12] F.M. Stabile, in *Risposte della Postulazione*, p. 150.

[13] «Puglisi è espressione di questa pastorale aperta all'esterno, capace di farsi carico anche di problemi civili [...]. Tale impegno non è accanto a quello sacerdotale, ma parte integrante del suo ministero». Ivi, p. 260.

[14] E. Berlinguer, dal comizio del 7 giugno tenuto a Padova, in *L'Unità*, 8 giugno 1984, p. 3.

gno di fede, secondo un orientamento proprio e amplificato da don Puglisi: la Chiesa non è lo Stato, non è la Magistratura, non è il potere legislativo né quello amministrativo, non è l'ufficio di massima occupazione. La Chiesa, in merito al nodo della legalità, esercita il suo ministero allorché ripropone le esigenze sociali e politiche della fede creduta attraverso l'educazione e la formazione delle coscienze. E alla Chiesa e ai giovani don Puglisi lascia un messaggio: vivere ogni giorno ordinariamente, sempre protesi verso il Volto di Cristo, con pazienza, con amore, con lo spirito di carità senza limiti e con l'umiltà semplice, concreta e disadorna, come il pane quotidiano. Il pane che l'uomo sforna grazie a quei chicchi che, dopo essere morti, rinascono nel grembo della madre terra e producono frutti. Quei piccoli semi attraverso i quali il parroco di Brancaccio ha contribuito alla costruzione della città terrena sotto i cieli di quella celeste, insegnando a tanti a mantenere una promessa, dimenticare uno sgarbo, riparare un torto, eliminare un rancore, trovare tempo – anche un pizzico soltanto – per un importuno, scrivere una lettera d'amore a chi davvero si ama, sorridere un po' più del solito, salutare, incoraggiare un giovane, confortare un anziano, aiutare chi è triste, far visita a un ammalato, canticchiare così senza ragione, alzare gli occhi al cielo, con qualunque tempo, cercare il sole, parlare alle stelle, raccogliere un fiore, pensare sempre a Dio.

X.

La memoria del sacrificio… per guardare oltre

Gli anni della storia sembrano lunghi e lontani, ma in realtà non sono che un soffio, e gli avvenimenti apparentemente dispersi in quella dimensione della storia che è il tempo sono in realtà vicini e collegati da quel misterioso robustissimo filo che è la memoria degli uomini.

Andrea Rossi

L'eredità del parroco di Brancaccio viene attestata dalla sua memoria, ancora oggi grande e viva.

A partire dal 1994, il 15 settembre (suo *dies natalis*) egli viene ricordato in Cattedrale a Palermo: ma quel giorno è anche quello inaugurale dell'anno pastorale della diocesi. Questa tradizione, iniziata dal cardinale Salvatore Pappalardo, è stata mantenuta dai successori, cardinali Salvatore De Giorgi e Paolo Romeo.

Al convegno delle Chiese di Sicilia ad Acireale, nel novembre del 1993, don Puglisi viene commemorato dal cardinale Pappalardo e citato in numerose relazioni come modello ministeriale. In un documento del maggio 1994 della Conferenza Episcopale Siciliana, ad esempio, è proposto come modello evangelico per tutto il clero: «È nostro dovere», scrivevano i Vescovi, «ribadire la denuncia dell'incompatibilità della mafia con il Vangelo. La mafia appartiene, senza possibilità di eccezione, al regno del peccato, e fa dei suoi operatori altrettanti operai del Maligno». Ai siciliani, spesso inclini al clientelismo e alla richiesta di favori, i vescovi ricordavano con durezza: «Chiedere o accettare qualsiasi forma di intermediazione a persone conosciute come appartenenti o contigue alla mafia – qualunque sia il vantaggio che se ne voglia o possa ricavare – si deve ritenere che rientri sempre, quanto meno indirettamente, ma non meno colpevolmente, nella fattispecie della connivenza e della collusione». Nel documento, i Presuli siciliani sottolineavano inoltre di voler opporre alla mafia «la forza disarmata ma irriducibile del Vangelo, rivolta alla promozione e alla conversione delle persone, ma nello stesso tempo intransigente nel non autorizzare sconti o ingenue transazioni per ciò che concerne il male, chiunque sia a commetterlo o a trarne profitto». Quindi il riferimento a don Pino: «Don Giuseppe Puglisi ha incarnato pienamente questa duplice forza del Vangelo: egli rappresenta un'indicazione per tutti noi; il modello che ne deriva per il clero di Sicilia e per ogni vero cristiano è la sfida che lanciamo a chiunque gli competa»[1].

Ancora: durante la visita in Sicilia, a Catania e Siracusa, sempre nel novembre del '94, Giovanni Paolo II ricorda per due volte lo scomparso sacerdote definendolo «coraggioso testimone del Vangelo»[2], dopo che già nel

[1] Nota pastorale della Conferenza Episcopale Italiana, *Nuova evangelizzazione e pastorale* n. 12, maggio 1994, in *Segno*, anno XXIV, n. 191 (1988), pp. 115-116.

[2] Omelia in occasione della Messa per la beatificazione di Madre Maddalena Caterina Morano (Catania, 5 novembre 1994): «Facendo memoria di questi eletti testimoni del Vangelo, come non pensare anche ad altri generosi cristiani, la cui avventura spirituale fu un dono di Dio a tutta la Chiesa? Penso al Padre Allegra, un figlio della vostra terra, che tanto efficacemente ha contribuito al progresso del dialogo fra Cristo e la Cina. Penso al venerabile Capizzi e a san Nicola Politi. Penso anche a don Giuseppe Puglisi, coraggioso testimone della verità del Vangelo. Penso poi alle figure femminili, traboccanti di doni dello Spirito, di Lucia Mangano e Giuseppina Faro: in loro il dialogo d'amore del Signore con la sua Chiesa ha toccato vertici di commovente bellezza» (*L'Osservatore Romano*, 6 novembre 1994, p. 4).

1993, subito dopo il delitto, aveva espresso sgomento e sdegno per la violenza consumata contro un sacerdote impegnato nell'annunciare il Vangelo.

Il 13 gennaio 2000, più di sei anni dopo l'omicidio, è inaugurata la prima scuola media di Brancaccio intitolata a don Giuseppe Puglisi, alla presenza del Presidente della Repubblica Carlo Azeglio Ciampi. Il 15 settembre 2001, ottavo anniversario dell'omicidio, viene inaugurato sul luogo del delitto – in piazzale Anita Garibaldi – un monumento dello scultore Marco Nereo Rotelli, alla presenza del Presidente del Senato, senatore Marcello Pera, che, tra l'altro, commenta:

> Don Puglisi era un testimone del Vangelo in una terra che non ne sopportava il messaggio. Era un apostolo dei giovani e degli emarginati in un ambiente che non ne tollerava il riscatto. Ecco perché don Pino divenne un martire della Chiesa: quando il messaggio di Cristo entra nel mondo, vi porta una rivoluzione che scuote le coscienze e la storia. Don Pino lo sapeva e lo predicava. Ma se si predica il concetto di persona e della sua dignità in luoghi in cui una cultura violenta predica invece che alcuni devono avere il potere di soggiogare altri, ecco che la testimonianza del Vangelo genera conflitto. Per gli emarginati è speranza, per i prepotenti è una provocazione. All'incrocio tra questi due mondi incompatibili, don Pino cade perché non cede... Ma la sua frase dimostra che aveva ben chiaro che la vita serve se è testimonianza di una direzione, la vita di un sacerdote cattolico serve se è testimonianza della direzione del Vangelo di Cristo, cioè il messaggio di riscatto[3].

In preparazione al convegno delle Chiese d'Italia, a Palermo (nel novembre 2005) ha luogo una commemorazione di don Puglisi con diverse testimonianze. L'anno successivo a Verona, sede del convegno delle Chiese d'Italia (ottobre 2006), viene ricordato per volere della CEI in diverse relazioni e con momenti di preghiera. E ancora, nel febbraio del 2010, nel documento *Per un Paese solida-*

[3] In *Il Giornale di Sicilia*, 16 settembre 2001.

le. Chiesa italiana e Mezzogiorno, la CEI lo commemora per due volte e sottolinea che

> seppe magistralmente coniugare, soprattutto nell'impegno educativo tra i giovani, le due istanze fondamentali dell'evangelizzazione e della promozione umana, che configurano l'orizzonte di quell'umanesimo integrale, che trova nell'eucaristia origine e compimento[4].

Come abbiamo già detto, durante la sua visita a Palermo nell'ottobre del 2010, Benedetto XVI richiama per tre volte la figura del parroco di Brancaccio, indicandolo come modello per tutto il clero riunito in cattedrale. Nell'incontro con i giovani del 3 ottobre in Piazza Politeama lo definisce autentico padre e fratello nella fede:

> Cari amici! Conosco le vostre difficoltà nell'attuale contesto sociale, che sono le difficoltà dei giovani e delle famiglie di oggi, in particolare nel Sud d'Italia. E conosco anche l'impegno con cui voi cercate di reagire e di affrontare questi problemi, affiancati dai vostri sacerdoti, che sono per voi autentici padri e fratelli nella fede, come è stato don Pino Puglisi.

Fondamentale è quanto il Santo Padre dice poi in cattedrale a sacerdoti, religiosi, religiose e seminaristi:

> La Chiesa di Palermo ha ricordato recentemente l'anniversario del barbaro assassinio di don Giuseppe Puglisi, appartenente a questo presbiterio, ucciso dalla mafia. Egli aveva un cuore che ardeva di autentica carità pastorale; nel suo zelante ministero ha dato largo spazio all'educazione dei ragazzi e dei giovani, e insieme si è adoperato perché ogni famiglia cristiana vivesse la fondamentale vocazione di prima educatrice della fede dei figli. Lo stesso popolo affidato alle sue cure pastorali ha potuto abbeverarsi alla ricchezza spirituale di questo buon pastore, del quale è in corso la causa di beatificazione. Vi esorto a conservare viva memoria della sua feconda testimonianza sacerdotale imitandone l'eroico esempio.

[4] Conferenza Episcopale Italiana, Nota pastorale *Per un Paese solidale. Chiesa italiana e mezzogiorno*, n. 18.

Il sacrificio di don Puglisi è inoltre inscritto nel «registro della memoria», grazie all'intitolazione al suo nome di tante scuole, palestre, vie e piazze in Italia e altrove (in Congo, ad esempio, è dedicato alla sua memoria l'orfanotrofio di Pointe Noire).

La viva fama di martirio si riscontra ancora oggi nell'opinione pubblica, attraverso la stampa, che, pur non potendo cogliere le dimensioni più profonde del sacrificio di don Puglisi, ne ha sempre accertato il sacrificio fino all'effusione del sangue in nome del Vangelo. Anche la società civile ha voluto onorare la memoria del parroco palermitano ucciso dalla mafia: il poeta Mario Luzi ha composto la *pièce* teatrale *Il fiore del dolore*, andata in scena per la regia di Pietro Carriglio il 28 marzo 2003 al Teatro Biondo Stabile di Palermo. Due, invece, sono stati i film sulla figura di Puglisi. Il primo, prodotto per Rai 1, *Brancaccio*, per la regia di Gianfranco Albano, è andato in onda in due puntate l'11 e il 12 aprile 2001. Il secondo, *Alla luce del sole*, di Roberto Faenza, è uscito nella sale cinematografiche italiane il 21 gennaio 2005 ed è ritenuto quello più vicino alla reale figura del parroco di Brancaccio, di cui coglie soprattutto la profondità e l'essenza del rapporto con i ragazzi come metodo per superare la violenza e formare l'*homo novus*.

Ma è bello chiudere questa carrellata rammentando che l'anno successivo alla sua morte sedici giovani chiesero di entrare in seminario; inoltre, dal 1993 ad oggi altri ottantatré giovani, meditando sulla luminosa testimonianza di don Puglisi, sono entrati nel seminario arcivescovile di Palermo (rispetto ai 52 dei 17 anni precedenti)[5]. A lui,

[5] Significativo il telegramma di cordoglio di tutti i direttori dei Centri Diocesani Vocazioni italiani del 16 settembre 1993: «Membri Centro nazionale vocazioni e direttori centri diocesani vocazioni, appresa agghiacciante notizia uccisione nostro fraterno amico don Giuseppe Puglisi lunghi anni impegnato con profonda fede et passione nella pastorale vocazionale diocesana Chiese di Sicilia e Italiana, partecipano dolore suo della sua Chiesa et familiari nell'unità della preghiera confidando fecondità vocazionali nella testimonianza sacerdotale et martirio di don Giuseppe».

dunque, si può applicare quanto Tertulliano diceva degli antichi martiri di fronte alle persecuzioni dell'Impero romano: «Il sangue dei martiri è seme di cristiani».

L'essenza della storia, di ogni storia, sta nel ricordare, nel tramandare, nell'attendere. Non per nulla una delle parole chiave della Bibbia è «*zakhor*», ovvero «ricorda». La memoria è la linea di giuntura tra passato e presente; esprime omaggio verso chi ha operato prima di noi, ma contempla anche una coscienza che tiene presente il vissuto e il passato, la cui lezione illumina il presente.

Fare memoria significa anche questo: riconoscersi figli di uomini e donne che hanno scavato – spesso nel silenzio, ma in maniera sempre molto concreta – il bacino vitale del nostro presente. Significa sapersi un tassello, di certo importante, di un mosaico molto più ampio, il cui disegno complessivo – presente, passato, futuro – può dare senso alla collocazione di ciascun elemento.

Forse intendeva dire proprio questo Jean Anouilh, quando scriveva che «è nel ricordo che le cose prendono il loro vero posto»: il ricordo riesce a ricollocare sapientemente ogni volto e ogni voce nel proprio spazio storico. E allora quella di padre Puglisi non è più soltanto storia nella Storia, ma assurge a storia della Storia, e cioè a qualcosa che della Storia è costitutivo, le appartiene radicalmente. E appartiene in modo del tutto speciale alla nostra storia. È per questo motivo che il ricordo di padre Puglisi ci serve. Egli ci parla infatti di qualcosa di lontano, ma di profondamente vicino. Ci serve perché ci parla del nostro passato. E ci serve, perché – come recita il celebre testo della canzone di un cantautore italiano – «la storia siamo noi». O, piuttosto, rimodulando il senso di quest'espressione, la storia è, in fondo, un pezzo di ciò che siamo.

Oggi egli vive nella memoria del suo popolo e della Chiesa, soprattutto perché è condivisa la certezza che la sua efferata uccisione non fu una sconfitta, né per lui né per la Chiesa, perché se è vero che i suoi assassini (mandanti ed esecutore) poterono stroncare una vita terrena, transeunte, essi non riuscirono nell'intento di spegnere la fiamma sempre viva, spirituale ed eterna, della Verità del Vangelo. La sua morte non fu una sconfitta, perché il martirio del Servo di Dio ha confermato, ancora una volta, che il male non prevarrà sul Bene («le porte dell'inferno non prevarranno», Mt 16,18).

Conclusioni

Sperare è dolce, più dolce che credere,
più dolce che sapere.
La certezza ti appaga, la fede ti illumina,
ma la speranza ti incanta.
La speranza tiene sospesa l'anima
sopra un filo d'argento
che si perde nei segreti spazi del cielo.
La speranza è l'attesa trepidante
del buon seminatore,
è l'ansia di chi si candida all'eterno.
La speranza è infinitezza d'amore.

Charles Péguy

Molti hanno definito o amano definire don Pino Puglisi un eroe, iscrivendolo d'ufficio nell'albo degli autori di azioni che conducono un uomo a una fine valorosa, o ritenendolo metaforicamente, nel solco della mitologia greca, espressione umana di una qualche imprecisata divinità cosmica.

Niente di tutto ciò, però, si addice al prete palermitano, ucciso da mano mafiosa semplicemente perché diffondeva la buona novella, con la consapevolezza, ben riassunta in un antico adagio, che «se ogni piccolo uomo nel suo piccolo mondo fa una piccola cosa, il mondo cambia».

Puglisi era persona tutta di un pezzo, agiva umilmente, con semplicità, senza cercare visibilità, antieroe: annunciava e proclamava l'Unico Necessario, il Padre nostro. È stato ucciso perché faceva il prete sul serio: predicava i valori evangelici senza annacquarli e le sue parole trovavano accoglienza nei giovani interlocutori attenti e affascinati. Per questo dava fastidio alla mafia, la cui cultura è intrinsecamente anticristiana.

Egli, come ricorda suor Carolina Iavazzo,

> è stato un uomo che ha saputo guardare la realtà che gli stava davanti, si è immerso nella sua problematica più cruda e nuda, non ha avuto paura di schierarsi dalla parte dei deboli, dei poveri, degli asserviti alla mafia per liberarli, per insegnare loro a camminare a testa alta, a esprimere la grande dignità che è propria di ogni uomo[1].

La sua non era una sfida ma piuttosto la costruzione di una alternativa, che svuotava però dall'interno lo spazio della mafiosità; come dire che l'annunzio dei figli di Dio, liberati e liberi, non può sopportare la presenza oppressiva e schiacciante di un boss; nel nome del Dio di Gesù venivano messe in crisi non solo l'ipotetica religiosità dei mafiosi, presente come sfondo alla loro appartenenza, ma anche tutte le forme di ateismo pratico da loro espresse[2]. E così, dopo essere stato oggetto di innumerevoli angherie, minacce, accuse e calunnie infamanti, don Puglisi offrì la sua vita, accogliendo volontariamente la morte, inflittagli dalla mafia a motivo della fede, che professava e diffondeva ovunque con il Vangelo in mano; la mafia volle colpire la fede che era il cuore pulsante del suo ministe-

[1] C. Iavazzo in prefazione a M. Rocchegiani, *"Se ognuno di noi. Padre Puglisi, 9 sentieri di buon senso"*, Monsanocult, Ancona 2011.

[2] D'altra parte, come non ricordare il commento al Padre nostro, nel quale don Puglisi presenta in un parallelelismo, totalmente irriducibile, da un lato la figura amorevole e accogliente del Padre e dall'altro la figura del padrino che spadroneggia e dispone di tutti a suo servizio? In F. Deliziosi, *Don Puglisi*, pp. 135 ss.

ro sacerdotale, tutto teso alla evangelizzazione e alla promozione umana della sua comunità parrocchiale.

Sottolinea saggiamente Savagnone:

> Da un lato, esistono i preti antimafia, dall'altro i preti della cosiddetta pratica tradizionale. Il prete cosiddetto antimafia rischia di cadere nel laicismo; l'altro nel clericalismo. Ma il problema vero per la Chiesa non è quello di fare un'azione specifica contro la mafia, piuttosto di attuare una pastorale incarnata nella storia, così come faceva don Puglisi, che non era un prete antimafia[3].

Non eroicizziamolo, allora. Piuttosto, riconosciamo il suo martirio e facciamo in modo di mantenere alto il profilo di questo nobile soldato di Cristo che spese la propria vita, tutta intera, nell'opporsi a ogni forma di prepotenza, di sopruso e di violazione della legge umana e divina. Egli ricorda a tutti noi che dobbiamo essere segno d'amore per la Chiesa del Signore, da lui fatta sua sposa fino alla morte in croce.

La testimonianza di Puglisi va resa eloquente, in quanto preziosa per tutta la Chiesa e in particolare per quelle Chiese che si confrontano con il problema delle organizzazioni criminali più o meno segrete: 'ndrangheta in Calabria, camorra a Napoli, ma anche mafie presenti in contesti diversi del mondo, in Brasile, El Salvador, Messico[4], Colombia, Stati Uniti, Russia, Giappone.

Don Puglisi, col suo esempio, invita a mostrare a se stessi e soprattutto ai giovani che vale la pena lottare per poter cambiare, per migliorarsi, per convertirsi e convertire. Ai sacerdoti e a tutti gli autentici cristiani dice: agite sempre con semplicità, non per affermare pur nobili ideali civili, bensì per amore di Cristo e in nome del Vangelo, perché soltanto dove la croce di Cristo e l'autodonazione

[3] G. Savagnone, in *Preti e Mafia*, inchiesta a cura di Salvo Palazzolo e Vittoria Prisciandaro, in *Jesus*, dicembre 2006.

[4] Ricordiamo solo l'uccisione nel 1993, da parte di mafiosi narcotrafficanti, del cardinale di Guadalajara, Juan Jesús Posadas Ocampo: cfr. A. Riccardi, *Il Secolo del Martirio*, Mondadori, Milano 2000, p. 410.

sono il criterio della vita, il seme del Vangelo cresce, le coscienze maturano e si diventa annuncio, testimoni, denuncia e profezia anche senza profferire parola.

Egli è stato, per dirla con Savagnone,

> un prete. Senza residui, senza angolini nascosti e privati, senza ambiguità di sorta. Come Cristo, si è identificato interamente nel suo ministero, nella vita e nella morte. Per lui essere presbitero non era un'attività, un mestiere. Era un dono totale di sé, fatto a Dio prima che agli uomini, ma che si manifestava nella totale disponibilità a questi ultimi, soprattutto ai più piccoli, ai più deboli, ai più poveri[5].

Don Puglisi rappresenta un vero segno per la comunità cristiana, nell'Isola e altrove, in quanto mostra la strada corretta per affrontare il fenomeno mafioso: quella di una pastorale attenta ai deboli, diretta ai bambini e ai giovani per non lasciarli inermi prede della proposta mafiosa; una pastorale coraggiosa e pacifica, che non usa formule politiche, ma che parla al cuore di quanti sono irretiti in disegni malvagi. Agisce da cristiano e da prete: se le mafie sono strutture intrinsecamente perverse, i loro membri sono uomini che i pastori sono chiamati a cercare e a salvare, come autorevolmente indicato da Giovanni Paolo II, incidendo con l'esempio e con le parole su animi induriti da pratiche disumane e violente. Nei giorni del Centro «Padre Nostro» ripeteva:

> Le nostre iniziative e quelle dei volontari devono essere un segno. Non è qualcosa che può trasformare Brancaccio. Questa è un'illusione che non possiamo permetterci. È soltanto un segno per fornire altri modelli, soprattutto ai giovani. Lo facciamo per poter dire: dato che non c'è niente, noi vogliamo rimboccarci le maniche e costruire qualche cosa. E se ognuno fa qualche cosa, allora si può fare molto...[6].

[5] G. Savagnone, in *3P. Don Giuseppe Puglisi*, periodico, anno VIII, n. 1, luglio 2011, p. 4.

[6] Parole pronunciate nel corso di un incontro organizzato in collaborazione

Don Giuseppe Puglisi non è stato un uomo contro, ma è stato un prete per l'uomo, è stato un sacerdote che ha avvertito il bisogno incoercibile di proporre, in ogni modo e con ogni mezzo, la verità di Cristo. Questa verità, che è accoglienza del povero, che è rispetto per l'altro, che è amore per la vita, che è impegno per la difesa della dignità della persona, che è essenziale e radicale ascolto della Parola ed è comunione, amicizia, pace, responsabilità, non potrà – anche in futuro – non scontrarsi con la mafia, con il suo potere di morte, con la sua arroganza, con la irresponsabilità verso l'altro, con la sua volontà di annientare l'immagine di Dio scolpita nel volto degli uomini, con l'ipocrisia della ritualità che copre la scia di sangue nella quale crede che debba continuare ad affondare il popolo siciliano.

Il martirio di don Puglisi, dunque, è denso di futuro, perché quella morte ha incarnato, con il dono di una vita, il monito di Giovanni Paolo II e di Benedetto XVI; quella morte così tragica e dolorosa è oggi un seme insuperabile di vitalità e un esempio glorioso di quella *Ecclesia militans* che prepara sulla terra la Gerusalemme celeste; il sorriso, scorto non soltanto dal killer sulla bocca della vittima immolata, è il segno di una primavera ecclesiale che deve sbocciare ancora del tutto. Sopprimendo fisicamente il sacerdote palermitano, i mafiosi volevano distruggere la fede che ne animava le azioni, volevano tacitare quella voce che gridava e richiamava tutti, anche i mafiosi, alla conversione, all'avvento di una stagione di pace, di fratellanza, di amore nel nome di Cristo. Questa stagione, che è la sfida del futuro della Chiesa siciliana, è la profezia di don Giuseppe Puglisi: il suo martirio è diventato presenza vigile della nostra azione; il silenzio con cui gli fu chiusa la bocca ora si trasforma in un canto di lode al Signore per

con la Fuci, tenutosi al Centro «Padre Nostro» il 18 febbraio 1993, dal titolo *Chiesa e mafia: la cultura del servizio e dell'amore contro la cultura del malaffare.*

avercelo donato con la sua semplice, straordinaria, intensa e vitale testimonianza.

Don Puglisi costituisce un luminoso esempio di vita sacerdotale, reso più visibile con la sua morte. Il suo sangue innocente, specialmente per la Chiesa palermitana, è stato come una trasfusione, una sorta di trapianto vitale, fautore di un deciso, rinnovato approccio al fenomeno mafioso e, quindi, per una decisa ricerca degli strumenti ecclesiali e pastorali più idonei a misurarsi con esso. «Il confronto con padre Pino», scrive al riguardo il cardinale Paolo Romeo, arcivescovo di Palermo, «interpella oggi tutta la nostra Chiesa di Palermo e può farci riscoprire un senso di dedizione all'edificazione del Regno di Dio che, più e prima ancora che nelle dinamiche operative e pastorali che si perseguono, sta inciso a caratteri di fuoco divino nel cuore dell'essere discepoli e amanti del Cristo, fino alla morte»[7].

Ci sia di guida e di conforto la parola di Benedetto XVI che, in sintonia con il suo predecessore, ha dimostrato, parlando di lui, di saper vedere lontano:

> Non abbiate paura di contrastare il male! Non cedete alle suggestioni della mafia che è una strada di morte incompatibile col Vangelo [...]. La Sicilia è terra di santi![8]

L'incontro con don Giuseppe Puglisi scava un solco nella coscienza di ognuno, dà la consapevolezza che anche la pastorale deve incidere in profondità contro la mentalità mafiosa, in virtù di quel *munus* sacerdotale di annuncio del Vangelo in base al quale egli offrì la sua vita. Non è la lotta contro la mafia la parola profetica di padre Puglisi, ma è la sua pienezza sacerdotale, l'annuncio pie-

[7] P. Romeo, nell'introduzione a *Memoria del 50° anniversario dell'Ordinazione Presbiterale.*

[8] Benedetto XVI, *Discorso a Palermo* del 3 ottobre 2010, in *L'Osservatore Romano*, 4 ottobre 2010, pp. 7-8.

no e senza timori della salvezza, la proposta di un'educazione autentica al bene per accogliere il fratello e insieme lodare il Signore nella libertà dei figli di Dio.

La sua fulgida icona, oltre ad aver risvegliato le coscienze addormentate, è stata causa della conversione del suo assassino, che non riesce a dimenticare il sorriso che gli rivolgeva la sua vittima che moriva. E ogni giorno don Puglisi continua ad additare ai credenti e agli uomini di buona volontà la via della solidarietà e della fratellanza nel nome del Vangelo: da un seme che è morto, stanno maturando migliaia di spighe.

Appendice

Nelle pagine che compongono questo scritto sono racchiuse le ragioni sottese alla beatificazione di don Puglisi.

Nella Chiesa cattolica la canonizzazione è la dichiarazione ufficiale della santità di una determinata persona. Il diritto canonico, con il termine «canonizzazione», intende l'ultimo atto giuridico mediante il quale un Servo di Dio, che già in precedenza – tramite l'atto di beatificazione – è stato dichiarato beato, viene iscritto dal Romano Pontefice nell'elenco dei santi.

Il processo giuridico di canonizzazione è regolato da norme obbligatorie[1]. Ogni processo è composto di due fasi. La prima si svolge nella diocesi nella quale è morta la persona la cui santità viene esaminata. La seconda fase avviene a Roma, presso la Congregazione delle Cause dei Santi.

Presupposto fondamentale per l'apertura di un processo di canonizzazione è la fama di santità, cioè l'opinione che la persona defunta abbia vissuto una vita di santità, oppure sia morta come martire. Il processo di canonizzazione non può essere aperto prima di cinque anni dopo la morte della persona esaminata e non dovrebbe essere aper-

[1] Costituzione apostolica *Divinus perfectionis Magister*, pubblicata dal papa Giovanni Paolo II il 25 gennaio 1983; Norme della Congregazione delle Cause dei Santi *Normae servandae in inquisitionibus ab Episcopis faciendis in Causis Sanctorum* del 7 febbraio 1983. Norme della Congregazione delle Cause dei Santi *Sanctorum mater*, del 17 maggio 2007.

to più di trenta anni dopo, salvo tuttavia giusti motivi. Iniziatore del processo è una persona fisica oppure giuridica che presenta la proposta di iniziare il processo sulle virtù eroiche oppure sul martirio della persona defunta. L'iniziatore viene rappresentato da un esperto giuridico chiamato «postulatore», tenuto a raccogliere la documentazione necessaria e presentarla al Vescovo del luogo che procede alla valutazione di tutta la questione. Il Vescovo diocesano chiede poi il parere degli altri Vescovi della Conferenza episcopale regionale e il *nihil obstat* della Congregazione delle Cause dei Santi. Se non incontra obiezioni, pubblica la sua intenzione di iniziare la ricerca, per la quale viene istituito il tribunale diocesano, presieduto dallo stesso Vescovo o da un suo delegato. Membri del tribunale sono, inoltre, il difensore di giustizia, i notai e gli esperti invitati, come archivisti, storici, medici e revisori.

Da questo momento la persona soggetta al processo di canonizzazione comincia a essere chiamata «Servo di Dio». Di conseguenza vengono eseguite le audizioni dei testimoni che hanno conosciuto il Servo di Dio oppure che possono testimoniare come le sue virtù cristiane e la sua attività sono state valutate dai suoi contemporanei. L'esame della vita e dell'attività del Servo di Dio è indispensabile, perché lo scopo dell'indagine è di verificare se le sue virtù abbiano raggiunto il grado eroico. Per i martiri viene esaminata la realtà della loro morte violenta, assieme ai motivi del persecutore che devono scaturire dall'odio verso la fede oppure dall'opposizione contro la legge morale. Essendo la realtà del martirio considerata come la somma delle virtù, per la beatificazione di un martire non si richiede la presenza di un miracolo, che è necessario soltanto per la canonizzazione, anche se vi sono casi nei quali l'esistenza di un miracolo non è richiesta.

Conclusa la fase dell'inchiesta diocesana, tutti i documenti vengono spediti a Roma. Gli atti originali sono custoditi sotto sigillo nel vescovado, mentre le copie conformi, munite del salvacondotto, vengono spedite alla Congregazione delle Cause dei Santi, dove si svolge la seconda fase del processo. La Congregazione delle Cause dei Santi controlla che la raccolta del materiale sia avvenuta in modo corretto, quindi nomina un relatore della Causa che guiderà l'organizzazione del materiale nella *Positio super virtutibus* del Servo di Dio. La *Positio* è quindi un dossier dove si esprime con criterio la dimostrazione ragionata (*Informatio*) delle presunte virtù eroiche, usando le testimonianze e i documenti raccolti nell'inchiesta diocesana (*Summarium*). Si forma quindi una commissione di 9 teologi, detta «Congresso dei Teologi». Se questi danno parere favorevole si ha una riunione di cardinali e vescovi della Congregazione delle Cause dei Santi. Il parere dei Padri cardinali e dei Vescovi viene riferito al Sommo Pontefice, al quale solo compete il diritto di decretare il culto pubblico ecclesiastico del Servo di Dio.

Indice dei nomi

Bibliografia

Fonti archivistiche

Godrano, Archivio della parrocchia Maria SS. Immacolata.
Palermo, Archivio della Cancelleria della Curia Arcivescovile.
Palermo, Archivio della famiglia di don Giuseppe Puglisi.
Palermo, Archivio della Postulazione della Causa di don Giuseppe Puglisi.
Palermo, Archivio del Seminario arcivescovile.
Palermo, Archivio del Centro Nazionale Vocazioni dell'Arcidiocesi.
Palermo, Archivio Giuseppe Puglisi.
Palermo, Archivio Storico Diocesano.
Palermo, Fondo dell'arcivescovo cardinale Salvatore Pappalardo.
Palermo-Brancaccio, Archivio della parrocchia San Gaetano – Maria SS. del Divino Amore.

Fonti e studi inediti

Antonelli F., *Puntualizzazioni della Postulazione*, 4 ottobre 2010.
Parente U., *Don Giuseppe Puglisi, martire della fede*, 22 aprile 2011.
Riccardi A., con la collaborazione di A. Romano, *Don Giuseppe Puglisi martire*, 18 novembre 2010.
Savagnone G., *L'ateismo della mafia*, 14 marzo 2011.
Scordato C., *Studio sulla documentazione processuale del Servo di Dio*, 18 marzo 2011.

Testimonianza extraprocessuale di Francesco Deliziosi, 25 marzo 2011.
Testimonianza extraprocessuale di don Maurizio Francoforte, 24 marzo 2011.
Testimonianza extraprocessuale di don Cosimo Scordato, 19 marzo 2011.
Testimonianza extraprocessuale di don Francesco Michele Stabile, 7 aprile 2011.

Fonti processuali canoniche

Congregatio de Causis Sanctorum, Prot. N. 2300 – 5/03, *Panormitana Beatificationis seu Declarationis Martyrii Servi Dei Iosephi Puglisi Sac. Dioecesani in odium Fidei, uti fertur, interfecti* († 1993) *Positio super martyrio*, Roma 2006.
Congregatio de Causis Sanctorum, Prot. N. 2300 – 5/03, *Panormitana Beatificationis seu Declarationis Martyrii Servi Dei Iosephi Puglisi Sac. Dioecesani in odium Fidei, uti fertur, interfecti* († 1993) *Positio suppletiva super martyrio*, Roma 2006.
Congregatio de Causis Sanctorum, Prot. N. 2300 – 5/03, *Panormitana Beatificationis seu Declarationis Martyrii Servi Dei Iosephi Puglisi Sac. Dioecesani in odium Fidei, uti fertur, interfecti* († 15.9.1993). Risposta della Postulazione alla sessione ordinaria del 12 dicembre 2006, Romae 2012.

Studi

100 pagine di don Puglisi. Il coraggio della speranza, ed. G. Bellia, Città nuova, Roma 2005.
Amato A., *I Santi nella Chiesa*, Libreria Editrice Vaticana, Città del Vaticano 2010.
Amato A., *I santi si specchiano in Cristo*, Libreria Editrice Vaticana, Città del Vaticano 2011.
Anfossi F., *E li guardò negli occhi. Storia di padre Pino Puglisi il prete ucciso dalla mafia,* Edizioni Paoline, Milano 2005.

Anfossi F., *Puglisi un piccolo prete fra i grandi boss,* San Paolo, Milano 1994.
Arcidiocesi di Palermo, *Don Giuseppe Puglisi. Un pastore secondo il cuore di Dio,* ed. O.DI.PA., Palermo 1994.
Arcidiocesi di Palermo, *Memoria del 50° anniversario dell'Ordinazione Presbiterale di padre Pino Puglisi... quale pastorale? Tavola rotonda, Chiesa SS. Salvatore, Palermo, 10 maggio 2010,* Edizioni O.DI.PA., Palermo 2010.
Arlacchi P., *Addio Cosa nostra. I segreti della mafia nella confessione di Tommaso Buscetta*, Rizzoli, Bologna 1996.
Arlacchi P., *Gli uomini del disonore. La mafia siciliana nella vita del grande pentito Antonino Calderone*, Mondadori, Milano 1992.
Arlacchi P., *La mafia imprenditrice. L'etica mafiosa e lo spirito del capitalismo*, il Mulino, Bologna 1992.
Armao F., *Il sistema mafia. Dall'economia del mondo al dominio locale*, Bollati Boringhieri, Torino 2000.
Badalamenti M., *Martire oggi. Una testimonianza d'amore. Padre Giuseppe Puglisi,* Edizioni Presenza del Vangelo, Palermo 2000.
Barbieri E. (a cura di), *Chiesa e cultura nell'Italia dell'Ottocento*, EDB, Bologna 2009.
Bertinotti F., *Devi augurarti che la strada sia lunga*, Ponte alle grazie, Milano 2009.
Bosco T., *Un colpo alla nuca per Pino Puglisi parroco, firmato «mafia»*, ElleDiCi, Leumann (TO) 2005.
Cavadi A., *Il dio dei mafiosi*, San Paolo, Cinisello Balsamo (MI) 2009.
Cerrito L., *Come in cielo così in terra*, San Paolo, Cinisello Balsamo (MI) 2001.
Cerrito L., *Padre nostro e mafiosità. Proposta di catechesi per un itinerario di conversione cominciando da ognuno di noi,* Edizioni Presenza del Vangelo, Palermo 1993.
Ceruso V., *Le sacrestie di Cosa Nostra. Inchiesta su preti e mafiosi*, Newton Compton, Roma 2007.
CerusoV., *A mani nude. Don Pino Puglisi,* San Paolo, Cinisello Balsamo 2012.

Chiavacci E., *La mafia alla luce della parola di Dio*, in A. Cavadi (ed.), *Il Vangelo e la lupara. Materiali su Chiese e mafia,* EDB, Bologna 1994, pp.127-145.
De Giorgi S., *Padre Puglisi e la lotta della chiesa alla mafia*, in *Un servizio di amore per una chiesa di frontiera,* Libreria Editrice Vaticana, Città del Vaticano 2010, pp. 269-274.
Deliziosi F., *«3P». Padre Pino Puglisi. La vita e la pastorale del prete ucciso della mafia*, Paoline, Cinisello Balsamo 1994.
Deliziosi F., *Don Puglisi: vita del prete palermitano ucciso dalla mafia*, Mondadori, Milano 2001.
Di Pietro C., *Testimone di Cristo crocifisso e risorto. Don Giuseppe Puglisi*. TAU Editrice, Todi (PG), 2009.
Dino A., *Chiesa, mafia. Giustizia divina, giustizia terrena*, in *Relazioni pericolose. Criminalità e sviluppo nel Mezzogiorno*, ed. R. Siebert, Rubbettino, Soveria Mannelli 2000, pp. 212-230.
Dino A., *La mafia devota. Chiesa, religione*, *Cosa Nostra*, Laterza, Roma-Bari 2010.
Dino A., *Mutazioni. Etnografia del mondo di Cosa Nostra*, La Zisa, Pioppo-Palermo 2002.
Dino A., *Vestali del sacro: donne, religione e mafia*, in *Mafia donna. Le vestali del sacro e dell'onore*, Flaccovio Editore, Palermo 1997.
Don Giuseppe Puglisi. Animatore carismatico della Pastorale delle Vocazioni, ed. F. Pizzo, Palermo 2000.
Don Giuseppe Puglisi. Educatore dei giovani e formatore di coscienze. Campi Scuola 1984-1992, ed. F. Pizzo, Palermo 1994.
Don Pino Puglisi prete e martire, Il pozzo di Giacobbe, Trapani 2000.
Faenza R., *Alla luce del sole,* Gremese Editore, Roma 2005.
Falcone G., *Cose di Cosa Nostra*, a cura di M. Padovani, Rizzoli, Milano 1991.
Falzone M. T., *Provocazioni e risposte alla «scuola senza Dio». L'organizzazione della catechesi a Palermo dall'Unità d'Italia ai patti Lateranensi*, Edizioni Lussografica, San Cataldo-Caltanissetta 2011.
Forgione F., *Mafia export,* Baldini e Castoldi, Milano 2009.

Gambetta D., *La mafia siciliana, un'industria della protezione*, Einaudi, Torino 1994.

Iavazzo C., *Figli del vento. Padre Puglisi e i ragazzi di Brancaccio*, San Paolo, Cinisello Balsamo 2007.

Il patto scellerato: potere e politica di un regime mafioso. La relazione della commissione parlamentare, ed. L. Violante, Crescenzi Allendorf, Roma 1993.

Il silenzio della Chiesa siciliana sulla mafia: una questione storiografica, in *Martiri per la giustizia. Testimonianza cristiana fino all'effusione del sangue nella Sicilia d'oggi.* Atti del seminario di studio tenuto a San Cataldo il 12 febbraio 1994, ed. S. Barone, Salvatore Sciascia Editore, Caltanisetta-Roma 1994, pp.103-131.

Lo Verso G. - Lo Coco G., *I collaboratori di giustizia. Chi sono oggi, chi erano come mafiosi*, in Aa.vv., *La psiche mafiosa. Storie di casi clinici e collaboratori di giustizia*, Franco Angeli, Milano 2006.

Lodato S., *Dall'altare contro la mafia. Inchiesta sulle Chiese di frontiera*, Rizzoli, Milano 1994.

Lupo S., *Che cos'è la mafia? Sciascia e Andreotti, l'antimafia e la politica*, Donzelli Editore, Roma 2007.

Lupo S., *Storia della mafia dalle origini ai giorni nostri*, Donzelli, Roma 1996.

Martiri per la giustizia, ed. S. Barone, Sciascia, Caltanisetta-Roma 1994.

Mignosi E., *Il Signore sia coi boss. Storie di preti fedeli alla mafia e di padrini timorosi di Dio*, Edizioni Arbor, Palermo 1993.

Naro C., *La speranza è paziente*, Salvatore Sciascia editore, Caltanisetta-Roma 2008.

Noto V., *Da sacerdote tra i mafiosi. Il caso di padre Mario Frittitta*, Ila-Palma, Palermo 2010.

Palazzolo S. - Prestipino M., *Il codice Provenzano,* Laterza, Roma-Bari 2008.

Palazzolo S., *I pezzi mancanti. Viaggio nei misteri della mafia,* Laterza, Roma-Bari 2010.

Per un discorso cristiano di resistenza alla mafia. Le categorie teologico-morali di «struttura di peccato» e «peccato sociale»,

ed. S. Diprima, Salvatore Sciascia Editore, Caltanisetta-Roma 1995.
Puglisi G., *Testimoni della speranza*, Relazione tenuta al convegno nazionale del Movimento Presenza del Vangelo, Trento, 22-28 agosto 1991.
Riccardi A., *Il Secolo del martirio*, Mondadori 2000.
Romeo P., *Amare, costruire, servire il bene comune. Appelli di un Pastore per una rinnovata responsabilità cristiana. Omelie e discorsi del Ministero Episcopale a Palermo negli anni 2007-2011*, Edizioni O.DI.PA., Palermo 2012.
Santino U., *Storia del movimento antimafia. Dalla lotta di classe all'impegno civile*, Ed. Riuniti, Roma 2009.
Savagnone G., *La Chiesa di fronte alla mafia,* San Paolo, Cinisello Balsamo (MI) 1995.
Spampinato R., *Per una storia della mafia,* in Aymard M. - Giarrizzo G. (a cura di), *La Sicilia,* Einaudi, Torino 1987.
Stabile F.M. *Uno storico della Chiesa*, in A. Cavadi (ed.), *Il Vangelo e la lupara*, pp. 97-123.
Stajano C., *Mafia. L'atto di accusa dei giudici di Palermo*, Editori Riuniti, Roma 1985.
Stancanelli B., *A testa alta. Don Giuseppe Puglisi: storia di un eroe solitario*, Einaudi, Torino 2003.
Torcivia M., *Chiamati alla santità. Donne e uomini di Sicilia alla sequela radicale di Cristo*, Rubbettino, Soveria Mannelli 2011.
Torcivia M., Il martirio di don Giuseppe Puglisi. Una riflessione teologica, Editrice Monti, Saronno (VA) 2009.
Torcivia M., *L'itinerario spirituale di don Pino Puglisi, in "Padre Pino Puglisi... quale pastorale? Atti della tavola rotonda del 10 maggio 2010"*, Arcidiocesi di Palermo, Palermo 2010.

Articoli

Uccidendolo pensavano di metterlo a tacere. Mons. Bertolone ricorda don Pino Puglisi, in *Calabria ora* 7/180 (2012), p. 6.
Apertura dell'Assemblea pastorale. XI anniversario dell'uccisione del Servo di Dio don Pino Puglisi. Omelia (Cattedrale, 15

settembre 2004), in *Rivista della Chiesa Palermitana* 98/3 (2004), p. 462.

Giuseppe Puglisi, il Vangelo a Palermo, in *Segno* 197/198 (1998), numero monografico.

Il declino della mafia, in *Segno* 19/150 (1993), pp. 9-48.

Il martirio di padre Puglisi e le chiese siciliane, in *Segno* 19/150 (1993), pp. 22-23.

Sulla storia del potere mafioso, in *Segno* 37/324 aprile (2011), pp. 47 e ss.

I tre padrini dell'ultima mafia, in *Segno* 37/324 aprile (2011), pp. 50 e ss.

Cinque puntini d'inchiostro, in *Segno* 37/324 aprile (2011), pp. 54 e ss.

Il silenzio della Chiesa sulle mafie, in *Segno* 37/324 aprile (2011), pp. 55 e ss.

L'arcivescovo postulatore. Don Puglisi parla ancora, in *Giornale di Calabria*, 2 luglio 2012, p. 6.

Martiri per il nostro tempo. Per una teologia del martirio, in *o Theológos* NS 11 (1993/3), pp. 340-341.

Omelia dell'Ecc.mo Arcivescovo durante la celebrazione eucaristica in occasione del IV anniversario della morte di don Giuseppe Puglisi (Cattedrale, 15 settembre 1997), in *Rivista della Chiesa Palermitana* 91/4 (1997), p. 316.

Omelia dell'Em.mo Arcivescovo in memoria del Card. Francesco Carpino e del sacerdote don Pino Puglisi (Cattedrale, 15 settembre 1998), in *Rivista della Chiesa Palermitana* 92/4 (1998), p.338.

Un prete solo davanti alla mafia, in *Segno* 24/197-198 (1998), pp. 115-116.

Abruzzo O., *In festa per don Puglisi*, in *La Sicilia* 178 (29 giugno 2012), p. 29.

Acciari S., *L'allarme FBI: attenti al golpe*, in *Corriere della sera*, 24 settembre 1993, p. 13.

Anfossi F., *Gli sparai, lui sorrise*, in *Famiglia Cristiana* 69 (1999/36), pp. 19-20.

Bertolone V., *E don Puglisi parla ancora dell'Unico Necessario*, in *Avvenire* 45/155 (2012), p. 2.

Breci S., *Anche in Cassazione è emerso il martirio di don Pino Puglisi*, in *Gazzetta del Sud* 61/181, p. 7.
Calabrò M.A., *Parisi: un pentito prevede le bombe*, in *Corriere della sera*, 17 settembre 1993, p. 2.
Caselli G., *Da quel sacrificio è scaturita una coscienza nuova*, in *Avvenire*, 15 settembre 1995, p. 10.
Cavadi A., *Se il vangelo si incarna nel territorio*, in *Narcomafie* 1/7 (1993), pp. 4-6.
Ceruso V., *Religiosità mafiosa e cristianesimo etnico*, in *Segno* 31/264 (2005), pp. 24-38.
Chiappisi G., *Padre Puglisi? Era solo un prete,* in *Novica* 4/25 (1994), p. 5.
Chiavacci E., *Mafia e annuncio cristiano*, in *Segno* 31/67-268 (2005), pp. 42-50.
Chillura A., *La posizione delle comunità ecclesiali siciliane nei confronti della mafia*, in *Mafia, politica, affari. Rapporto 1992*, Edizioni la Zisa, Palermo 1992, p. 310.
Danzi S., *Il coraggio mite del profeta*, in *Cieli nuovi terra nuova* 10/8 (2009), pp.11-14.
Di Monte F., *Don Pino Puglisi. Beato chi dice no alla mafia*, in *Famiglia Cristiana* 82/28 (2012), pp. 48-50.
Dino A., *Una Chiesa incerta di fronte alla mafia*, in *Segno* 31/267-268 (2005), pp. 47-70.
Fagone V., *Padre Scordato*: *«Il suo sacrificio? È il segno di chi non cede al ricatto»*, in *Giornale di Sicilia*, 8 luglio 1997, p. 3.
Falsone A. *Il Papa: « don Puglisi sarà beato»*, in *La Repubblica (Palermo)* 29 giugno 2012, pp. 1-2.
Fasullo N., *Una religione mafiosa*, in *Segno* 22/179 (1996), pp. 39-43.
Giansoldati F., *Il Papa*: *«Don Puglisi sarà beato»*, in *Il Messaggero* 134/178 (2012), p. 15.
Grasso P., *«Padre coraggio»*, in *Segno* 29/247-248 (2003), p. 16.
Grienti V., *I seminaristi sulle orme di Sturzo e Puglisi*, in *Avvenire* 10 settembre 2004, p. 15.
Guzzo L.M., *Padre Puglisi sarà beato. Bertolone è il postulatore*, in *Il Quotidiano* 29 giugno 2012, p. 19.

Iacobini G., *Sarà beato il sacerdote vittima della mafia atea*, in *Il Giornale* 29 giugno 2012, p. 7.

Kocci L., *Don Puglisi presto beato e «martire di mafia». Il Vaticano pubblica il decreto*, in *Adista* 27 (14 luglio 2012), pp. 3-4.

Lombardo V., *Don Puglisi martire, ucciso «in odio alla fede»*, in *Gazzetta del Sud* 61/ 178 (2012), p. 8.

Martirano D., *Violante: opera di Cosa nostra, lo Stato reagisca con forza*, in *Corriere della sera* 17 settembre 1993, p. 2.

Massaro F., *Violante: bisogna arrivare ai killer di padre Puglisi*, in *Giornale di Sicilia*, 16 dicembre 1993, p. 48.

Naro C., *La scelta culturalistica della chiesa siciliana*, in *Segno* 21/167-168 (1995), p. 111.

Palazzolo S., *«Picciotti, che Dio vi benedica»*, in *Il Mediterraneo* 11 novembre 1998, p. 8.

Palazzolo S., *Il pizzo di san Gaetano*, in *Il manifesto* 22 agosto 1993.

Parrinello D., *Brancaccio, attentati in serie contro la parrocchia antimafia*, in *Giornale di Sicilia,* 26 luglio 1993.

Patronaggio L., *Quella straordinaria avventura umana*, in *Giornale di Sicilia,* 13 aprile 2001, p. 6.

Prezzi L., *Don Puglisi martire*, in *Settimana* 28 (15 luglio 2012), p. 10.

Prisciandaro V., *Mons. Naro: ripartire dal «grido» di Wojtyla*, in *Jesus* 27 (2005/7), pp. 17-18.

Ruggieri G., *La problematica teologico pastorale di una nuova evangelizzazione. Materiali per un seminario di studio*, in *o Theológos* NS 11 (1993/2), pp. 13-24.

Savagnone G., *Don Pino, prete vero*, in *Avvenire* 45/153 (2012), p. 1.

Scarpinato R., *Caratteristiche e dinamiche degli omicidi ordinati ed eseguiti da Cosa Nostra*, in *Segno* 22/176 (1996), pp. 75-94.

Scordato C., *Ricordando padre Pino Puglisi (=3P), un anno dopo*, in *o Theológos* NS 12 (1994/3), pp. 373-375.

Sorge B., *La Chiesa e la mafia*, in *La Civiltà Cattolica* 146 (1995) p. 503.

Sorgi C., *Un martire per Palermo*, in *Avvenire* 19 novembre 1993, p. 12.
Stabile F.M., *La morte del presbitero Puglisi. Martirio cristiano*», in *La Comunità* 20 (1999), p. 32.
Torcivia M., *Martire di Cristo, Prete a Brancaccio. Ucciso dalla mafia «in odium fidei»*, in *Il Regno*, n. 14, 2012, pp. 457-458.
Tre Re G., *La Chiesa e i martiri di mafia*, in *Segno* 21/162-163 (1995), pp. 68-69.
Turrisi A, *Il simbolo della Chiesa che dice no ai boss*, in *Giornale di Sicilia* (29 giugno 2012), p. 2.
Turrisi A., *Don Pino Puglisi martire della fede*, in *Avvenire* 29 giugno 2012, p. 3.
Turrisi A., *Palermo-Australia nel segno di don Puglisi*, in *Avvenire* 20 maggio 2006, p. 16.
Turrisi A., *Venne ucciso «in odio alla fede». Dopo 19 anni don Pino sarà beato*, in *Giornale di Sicilia* (29 giugno 2012), pp. 2-3.
Vecchi G.G., *Ratzinger: Don Puglisi sarà beato. «La mafia lo uccise per la sua fede»*, in *Corriere della Sera* 137/153 (2012), p. 18.
Violante P., *Una ballata per padre Puglisi*, in *Segno* 29/247-248 (2003), p. 22.
Ziniti A., *Il veleno delle sue donne. «Infame è quel pentito»*, in *Repubblica* 22 maggio 1996, p. 4.

Articoli online

Benedetto XVI: «*Padre Puglisi fu ucciso in odio alla fede: sarà beato*», in http://corrieredelmezzogiorno.corriere.it/napoli/notizie/cronaca/2012/201794316605.shtml (28 giugno 2012).
Don Pino Puglisi sarà beato, in http://www.siciliainformazioni.com/sicilia-informazioni/14763, (28 giugno 2012).
Don Puglisi presto beato: la soddisfazione di Ciancio», in http://www.catanzaroinforma.it/pgn/news.php?id=43241 (28 giugno 2012).

Don Puglisi sarà presto beato, in http://vaticaninsider. lastampa.it/ homepage vaticano/dettaglio articolo/articolo/ puglisi-16387/(29 giugno 2012).

Don Puglisi: Cascio, beatificazione rende sua assenza meno assordante, in http://www.asca.it (28 giugno 2012).

Don Puglisi: Chiti, decisione Papa importante, in http://www.asca.it (28 giugno 2012).

Don Puglisi: Giambrone, annunciata beatificazione onora grande uomo, in http://www.asca.it (28 giugno 2012).

Mafia/sarà beato don Pino Puglisi, assassinio '93 è martirio, in http://www.tmnews.it/web/sezioni/politica/PN_20120628_00293.shtml (29 giugno 2012).

Riconosciuto il martirio del parroco di Brancaccio ucciso in odium fidei, in http://www.arcidiocesi.palermo.it/?id_pagina=2645 (28 giugno 2012).

Sarà beatificato Don Puglisi, il prete di Brancaccio ucciso dalla mafia, in http://www.adnkronos.com/IGN (29 giugno 2012).

Materiale audio-visivo

Cerrito L., *Il discepolo*, Archivio Giuseppe Puglisi, Palermo 2008.

Puglisi G., *Il cristiano uomo di speranza*, Archivio Giuseppe Puglisi, Palermo 2010.

Postfazione

Non è un trofeo la santità. Così, don Pino Puglisi non è il nome di una Chiesa che voglia pulirsi l'anima, non è il riscatto, il titolo liberatorio dall'addebito di un silenzio o addirittura di una connivenza del passato, non è il recupero di un diritto di cittadinanza.

La Chiesa non ha bisogno di un lasciapassare, non ha da esporre bandiere, non ha da usare il nome di don Puglisi come tutela del suo esserci, non ha da ostentare cartelloni nei cortei, legittimi, dell'antimafia. La Chiesa è pronta a riconoscere, per prima, le sue colpe, sa di doversi convertire ogni giorno al Vangelo, alla «violenza» della Parola che grida, che è dissenso, provocazione, contro la prepotenza, la corruzione, la nequizia della terra. Lo scandalo della Parola che accusa. È mafia uccidere, ma è mafia anche il disinteresse, la noncuranza, il benessere di chi non ama. Quando si capirà? Chi non ama uccide.

La Chiesa celebra, onora, con grande stima, i tanti martiri laici della società civile, e però ha anche il diritto di rivendicare tutta una storia che appartiene alla sua grande carità, al suo impegno, alla lotta, alla promozione delle speranze terrene. Chiamata, com'è, ad amare l'uomo, nel quale Dio è presente, a credere nell'uomo, a lottare con l'uomo per la libertà, la giustizia, l'«oltre» del tempo, delle cose.

Una storia, quella della Chiesa, che appartiene ai suoi santi, ai suoi martiri, quelli ammazzati dall'odio, dalla viltà, quelli di cui si elencano i nomi, ma anche quelli, sconosciuti, ignoti, che non si ritrovano nel catalogo dei santi e che, però, fanno parte della storia del Regno.

E qui è tutta da cogliere la spazialità di questo significato. Don Pino Puglisi, certamente, ma non solo. Nella beatificazione è celebrato il suo martirio, ma sono celebrati anche quelli, tutti quelli che non appaiono e muoiono senza luci. È il sangue, la testimonianza cruenta di cristiani braccati casa per casa, a decine, a centinaia, fatti saltare nel tempio, in preghiera dinanzi al Dio della pace. La santità ignota dei cristiani perseguitati per la fede, la santità di quelli che muoiono nella quotidianità, nella ferialità di una vita che nessuno esalta, che non ha l'evidenza della ribalta, della enfatizzazione mediatica.

Una santità in cui spesso c'è «un di più» di martirio, di eroismo umile, nascosto, invisibile, che, purtroppo, non trova adeguato riscontro, ammissione di vita, stupore di fede, esclamazione di osanna. Personalmente ho conosciuto sacerdoti stupendi, con il cuore di Dio, buttati sulla strada degli uomini, a raccogliere bambini e dolori, drogati e violenti, a costruire speranza e giustizia, mistero e legalità. Chi prende l'iniziativa di un processo di beatificazione per tutti i santi ignoti? Tutte le giovinezze spezzate, le madri, moltissime, come Maria sotto la croce, le suore immolate, come ostie sul mondo, perseguitate, esposte all'annientamento, consegnate al martirio più evangelico; tutti quelli che vivono in mezzo a noi, le tante vite «normali» che non hanno le visioni e non fanno «visione».

Sono questi martiri ignoti quelli che danno significato, oggi, alla beatificazione di don Pino Puglisi.

Veniamo dal mistero, ritorniamo al mistero, è il mistero che ci spiega: «Sollevate, o porte, i vostri frontali, alzatevi porte antiche, ed entri il Re della gloria» (Sal 23,7).

Sì, entra Cristo, l'Agnello sgozzato, il martire, gloria vivente della storia. E con lui entrano i poveri, i deboli, i perseguitati, coloro che hanno pianto, uomini e donne delle Beatitudini. Entrano le vesti insanguinate dell'Apocalisse. Entra don Puglisi, un nome nel quale sono rappresentati i moltissimi che non hanno nome.

Entra la storia di questo libro. Pagine scandite, tutte, sul tema della mafia «in odio alla fede». Pagine biblicamente fondate su Cristo, sacerdote e vittima, sostenute da ineccepibili fonti di riferimento, di testimonianze, di scritti. Pagine aperte a quella ampiezza di pensiero che appartiene al Vescovo postulatore della causa, monsignor Bertolone, autore di questo libro.

Don Puglisi, «*la Parola, le parole, i fatti*» di questo prete ucciso dalla mafia e consegnato agli onori dell'altare. Prete di questa Sicilia, frontiera di civiltà ed entroterra di provincia, sfregiata dalla criminalità, dalla droga, umiliata dall'arroganza dei predoni, degli affaristi, e che si ritrova oggi con il segno della sua civiltà, la civiltà della fede apostolica, dell'amore al servizio delle tante povertà, delle tante domande dell'uomo che pretendono un giorno «altro».

Prete acclamato dalla liturgia dei martiri: «Questo è un martire della fede, che sparse per Cristo il suo sangue, non temette le minacce degli empi, e raggiunse il regno dei cieli».

Don Puglisi, settembre 1993. C'ero anch'io tra la folla. Ho pianto, ho pregato, mi sono abbracciato al mio Vescovo, a tutti i sacerdoti, che amo, che ringrazio, che benedico.

Il più mite tra i preti allo sbaraglio, assassinato, con crudele messaggio, proprio il giorno del suo compleanno, dopo che era stato bruciato il portone della sua chiesa. E così, la lunga litania si allungava a Palermo con sgomento. Un fatto nuovo. Per la prima volta nella storia della mafia si colpiva un sacerdote impegnato con la gente a volere un futuro di libertà, a lottare in un quartiere privo di diritti essenziali.

Sacerdote di Dio, pronto a dare la vita come il pastore della proclamazione biblica. È qui l'identità. Non occorrono aggettivi, ulteriori specificazioni per indicare il suo nome. In quanto sacerdote, presente, con la forza e il coraggio che sono dello Spirito, a predicare il Vangelo. La pace, la libertà, la solidarietà, contro tutte le forme di peccato, di violenza, di mafia, di morte.

Il suo vivere inerme e non protetto, il suo annunziare un giorno diverso, il suo far crescere le vocazioni alla giustizia, soprattutto con i giovani del Centro sociale «Padre Nostro», testimoniavano l'esperienza più autentica del Vangelo, costruivano i valori della legalità, della moralità, della condivisione.

Prete, senza protagonismo, nel durissimo, feriale, contatto con i portatori del male, nello scontro, corpo a corpo, per togliere i ragazzi dalla delinquenza della strada, con quella umanità che segnava il suo sorriso, con quella passione che sapeva giurare sulla formazione primaria delle coscienze, con quella fedeltà all'altare che non consente collusioni con il peccato, con il crimine.

Piuttosto, il proprio sangue. E l'altare fu insanguinato. Un prete martire? Sì, per le parole di Vangelo che pronunziava, per la fede che sottraeva spazi alla criminalità, per le opere che reinventavano la speranza.

Con grande partecipazione Giovanni Paolo II, proprio nella terra della pace, a La Verna: «Che il sangue innocente di questo sacerdote porti pace nella cara Sicilia». Fortemente il cardinale Pappalardo, nell'immensa assemblea di preghiera convocata fra i capannoni della zona industriale di Brancaccio: «Occorre il sangue di Padre Puglisi, occorre lavare nel suo sangue la propria coscienza». E il cardinale Romeo, in venerazione del nuovo Beato: «Don Pino Puglisi, martire della fede, per una nuova piantagione del Vangelo nella Chiesa del nostro tempo».

Il sangue di don Puglisi, impegno di altare, passione educativa, coraggio sociale, a partire dalla strada. Un evento che chiama in causa tutta la Chiesa: fragilità, omissioni, silenzi, ambiguità, di cui accusarci insieme. Non è più possibile oggi un Vangelo innocuo, evasivo, estraneo alla città. La proclamazione del messaggio pose Cristo in conflitto mortale con il suo tempo.

Lo abbiamo già detto, su don Puglisi, adesso, questo nuovo libro, il riferimento di una storia capace di orientare esistenze e scelte di fede.

Sono tante le pubblicazioni, gli articoli, le *Lettere pastorali* del vescovo Bertolone. Tema fondamentale la crisi dell'*humanum*, la decadenza della ragione, la precarietà del pensiero «debole», l'insignificanza «liquida», la percezione delle grandi questioni del tempo, l'urgenza dinamica, intelligente, provocatoria della missione, la traccia di Emmaus e del Concilio come volto della Chiesa.

Sono pagine inquietanti di eternità, di attesa, di ricerca, di possesso, pagine pacificanti di mistero, di testimonianze, di grazia, di annunzio. Ed è la sfida e la pacificazione che monsignor Bertolone affida a questo nuovo libro. Passione, dottrina, pastoralità di un Vescovo, di una fede che ci porta; un libro utilissimo, di esigente proiezione missionaria, ricco di molteplici fonti testimoniali, di documenti della Chiesa, di un corredo prezioso di citazioni. Dalle pregevoli annotazioni dei biografi alle concordanze bibliche, ecclesiali, dalla Patristica agli Autori moderni.

Di forte interesse, le valutazioni sull'ateismo della mafia: «Don Pino con la sua testimonianza denunzia l'ateismo pratico o la pseudo-religiosità dei mafiosi. Se la mafia uccide don Pino è perché la fede nel Crocifisso, che egli annunzia e testimonia, toglie terreno sotto i piedi alla mafia, sia nel caso in cui esso si giustifica – ateisticamente – prendendo il posto assolto nella vita sociale e nei confronti delle persone; sia in quanto – teisticamente (ma ambiguamente) – crede di poter far valere le ragioni di una fede che, messa a nudo nelle sue mire di potere e di dominio sugli altri, viene smascherata attraverso l'appello al servizio e al dono di sé del Crocifisso».

Insiste monsignor Bertolone: «Quella della mafia non è solo la manifestazione di ateismo pratico, come nel caso di tanta gente che vive come se Dio non esistesse, ma di una filosofia (naturalmente espressa in termini non tecnici, ma egualmente netti e inequivocabili) o meglio di una religione, con ciò che di totalizzante ha questo termine».

L'ateismo della mafia a fronte del Vangelo di un prete. Il Vangelo che è il capolettera della vita, dell'altare, del sangue di don Puglisi. Il Vangelo incarnato. Con la tenerezza e la forza di Maria, con la fiducia del Magnificat che lo rese pronto al «martirio» delle Beatitudini: «Sequela di Cristo è bruciare tutta la propria esistenza sull'altare della croce».

Prete dell'accoglienza, in una terra che non ne sopporta il messaggio. Apostolo dei giovani e degli emarginati, in un ambiente che non ne tollera il riscatto. Fu il martirio di quel giorno, è la beatificazione di oggi, alleluia spalancato alla vita, irruzione più forte della morte, rivincita della speranza, intenzionalità di questo libro in cui l'ateismo della mafia come religione, culto, idolatria del potere, illimitata gestione della violenza, si ritrova obbligato a perdere – è la resa, il nulla – dinanzi a un piccolo prete che predica le Beatitudini del Vangelo.

Scrive monsignor Bertolone: «Tre sono i punti che caratterizzano la vita e l'operato di don Puglisi: la Parola, le parole, i fatti. La prima ha illuminato la sua vita. Con le seconde ha formato le coscienze. Con i fatti e con il martirio ha fatto della sua esistenza un capolavoro di fede e di dignità».

Formare le coscienze, progetto fondamentale della Chiesa, missione dell'*educare*: «Promozione umana e sociale; coinvolgimento delle istituzioni nella presa di coscienza e nella soluzione dei bisogni del quartiere; promozione della socializzazione a favore dei minori, adolescenti e anziani; coinvolgimento della popolazione nella partecipazione alla vita del quartiere; promozione dell'integrazione sociale tra le diverse realtà».

Monsignor Bertolone raduna insieme una pluralità di apporti specifici, testimonianze e commenti, fede e concretezza, e fa di queste pagine la verità di un volto, l'amore della bellezza, la frequentazione del mistero, che è poi il mistero di ogni sacerdote. Ed ecco la conclusione: «Molti hanno definito o amano definire don Pino Puglisi un eroe, iscrivendolo d'ufficio nell'albo degli autori di azioni che conducono un uomo a una fine valorosa o ritenendolo metaforicamente, nel solco della mitologia greca, espressione umana di una qualche imprecisata divinità cosmica. Niente di tutto ciò. Don Puglisi era solo un prete... la mafia volle colpire la fede che era il cuore pulsante del suo ministero sacerdotale».

È la conclusione di quanti lo abbiamo conosciuto, lo abbiamo amato: «Don Puglisi non si sente un eroe, la sua azione ha un sapore inconfondibilmente evangelico, così come escatologica ed evangelica, intrisa della speranza della risurrezione, è anche la prospettiva di una morte violenta: la sua disponibilità alla morte è quella totale dell'abbandono fiducioso a Dio, nella fedeltà alla missione di prete fino all'effusione del sangue».

Una fedeltà che ci interpella, una prova dirompente: «Il martirio di don Puglisi fa comprendere che la resistenza alla mafia non si gioca solo sul piano civile, ma con il retroterra di fede dei credenti». In questo senso, un'opera compiuta questo libro? Sì, nella misura in cui si compie in noi la responsabilità del messaggio che vi è sotteso. Essere, noi stessi, dono di Beatitudini, lasciarci toccare dal mantello di Elia, ritrovarci nella colonna di fuoco, nel vento della profezia, dare futuro al *frattempo* che viviamo.

«La Chiesa che vorrei, Signore, ha occhi che accarezzano le folle con la tua tenerezza...». Sono parole che leggo in uno dei libri di monsignor Bertolone. Parole dentro le quali si ritrova il bisogno di una Chiesa povera e disarmata. Si ritrova la vita, la storia, di don Puglisi. Si ritrova la dolce e umile sapienza del suo sorriso.

Don Puglisi, il suo sguardo fanciullo, la sua mitezza, la sua accoglienza di amore, i suoi occhi ospitali, il suo cuore di *beatitudine*: «Beati i miti di cuore perché possederanno la terra» (Mt 5,5).

Il sorriso di questo prete che sapeva sorridere. Dentro il quale – ed è il ritorno della premessa che abbiamo fatto – si celebra, oggi, il sorriso di quanti credono, di quanti giurano che sarà giorno. La beatitudine di tutti i deboli che gettano nel cuore della storia manciate di grano e di pace, di tutti quelli che soffrono e si ostinano a credere che il mondo non debba essere, per forza, degli affaristi, dei predoni. Di quanti sono pazzi, per giurare, per lottare, per pensare un giorno che non è mai esistito, per rinunziare alla «logica», che ha tante buone ragioni ma che ci impedisce la libertà dei grandi atti di coraggio.

Sono ammalati, suore, giovani che lottano per fare misericordia, amore sulla terra. Sono anziani che hanno nella bisaccia del ritorno la gioia della casa del Padre, sacerdoti con il cuore di Dio, cristiani su un terreno di presenza e non di potenza, di servizio e non di predominio. Sono giovani ai quali don Puglisi riesce a trasmettere una vocazione per sognare, sono ragazze-madri alle quali sa offrire la tenerezza, l'accoglienza della Madre, colei che copre di speranza «dubbi, falli, tentazioni, scrupoli, croci, fatiche, ostacoli».

Viandanti alla ricerca di Cristo incognito, lungo la strada di Gerico e di Emmaus. Sì, sarà giorno domani. Il giorno dei deboli. Nonostante il buio pesto che calpestiamo, gli agguati della notte, la violenza che ci assale, il terrore di questo mondo brutale, ossessivo, mercantile. Crederci fu la pazzia di don Puglisi. Ma è una pazzia obbligata. I santi – merito definitivo della speranza che l'autore affida al libro – ci dicono quanta pazzia ci voglia, quanto amore, quanta *leggerezza del cuore* per credere in questo giorno.

Così Eliot: «Vestito di speranza e di nudità, il santo, anche nel massimo isolamento o nascondimento, porta sulle sue fragili spalle il peso del mondo». È questo «vestito di nudità», questa freschezza, questo fascino evangelico, questa pazzia dell'amore che decide il futuro, che defatalizza la storia dalla fatalità della morte, questo sorriso, che fu la forza più violenta, decisiva, di don Puglisi: «Presentare Cristo da innamorati, fare innamorare di Cristo gli altri e, perciò, essere noi stessi carichi di questo innamoramento».

L'amore, l'unica prova di Dio alla quale il mondo di oggi riesce ad arrendersi. L'amore, con cui mi piace chiamare questa beatificazione. L'amore che è il merito di questo libro. Non una biografia, ma ben di più, un dono di presenza, di speranza: «Testimone della speranza è colui che, attraverso la propria vita, cerca di lasciar trasparire la presenza di colui che è la sua speranza, la speranza – in assoluto – in un amore che cerca l'unione definitiva con l'amato».

L'unione dell'amore, la voglia di stabilire un rapporto felice con la storia, con il mondo, con se stessi. La fede, l'umiltà, il sorriso, la pazzia dell'amore che fu la ragione del martirio di don Puglisi, di una Chiesa povera e disarmata.

NINO BARRACO

Indice

SAGGISTICA PAOLINE

Saggi di cultura religiosa in senso ampio, che affrontano le diverse tematiche della fede, della spiritualità, della Bibbia, della teologia, del dialogo interreligioso in maniera divulgativa, senza però rinunciare a un certo rigore scientifico.

1. Rino Fisichella, *Gesù di Nazaret profezia del Padre*
2. Lea Sestieri, *Ebraismo e cristianesimo. Percorsi di mutua comprensione*
4. Carlo Climati, *I giovani e l'esoterismo. Magia, satanismo e occultismo: l'inganno del fuoco che non brucia*
13. Rino Fisichella, *La via della verità. Il mistero dell'uomo nel mistero di Cristo*
14. Livia Crozzoli Aite (a cura di), *Assenza, più acuta presenza. Il percorso umano di fronte all'esperienza della perdita e del lutto*
16. Ingmar Granstedt, *Ritratto di Etty Hillesum*
17. Arturo Chiodi (a cura di), *Mazzolari. Nella storia della Chiesa e della società italiana del Novecento*
18. Gloria Germani, *Teresa di Calcutta una mistica tra Oriente e Occidente. Il suo pensiero in rapporto all'India e a Gandhi* (prefaz. di Tiziano Terzani)
19. Luis F. Ladaria, *La Trinità, mistero di comunione*
20. Ermes Ronchi (a cura di), *Divina seduzione. Storie di conversione: Paolo, Pacomio, Agostino, Ignazio*
21. Ugo Colombo Sacco, *Giovanni Paolo II sulla scena del mondo. L'esplorazione di nuovi percorsi*
22. Philippe Baud - Maxime Egger (a cura di), *Le ricchezze dell'Oriente cristiano. Teologia, spiritualità, arte*
23. Enrico Masseroni, *Laici cristiani. Tra identità e nuove sfide* (prefaz. di Fernando Charrier)
25. Marco Sprizzi, *De Lubac. L'identità ecclesiale del cristiano* (prefaz. di Rino Fisichella)
26. Giorgio La Pira, *Il sentiero di Isaia. Scritti e discorsi: 1965-1977* (introduz. di Walter Veltroni)
27. Damiano Modena, *Carlo Maria Martini. Custode del Mistero nel cuore della storia* (prefaz. del card. Carlo Maria Martini, postfaz. di Bruno Forte)
28. Carlo Climati, *I giochi estremi dei giovani. Mode, hobby e tendenze oltre ogni limite*
29. Biagio Della Pasqua - Natalino Valentini (a cura di), *Mistero di Cristo, mistero dell'uomo. La nuova «questione antropologica» e le radici della fede*
30. Franck Damour, *Olivier Clément. Il suo itinerario spirituale e teologico*
31. Daniele Anselmo - Francesco Gaiffi - Nevio Genghini - Paolo Gomarasca - Susy Zanardo, *Lessico della libertà. Percorso tra 15 parole chiave*
32. Piero Ciardella (a cura di), *La primavera della Chiesa. A quarant'anni dal Concilio Vaticano II*
33. Natalino Valentini (a cura di), *Cristianesimo e cultura politica. L'eredità di otto illustri testimoni*
34. Maurizio Gronchi, *Gesù Cristo nelle diverse culture. Europa, America Latina, Africa, Asia e «mondo femminile»* (prefaz. di Piero Coda)
35. Livia Crozzoli Aite - Roberto Mander (a cura di), *I giorni rinascono dai giorni. Condividere la perdita di una persona cara in un gruppo di auto-mutuo aiuto*
36. Giorgio Campanini, *Il tempo della fede. Le nuove vie della testimonianza cristiana*
37. Ettore Malnati, *I ministeri nella Chiesa* (prefaz. di Guido Pozzo)
38. Stefano Guarinelli, *Il celibato dei preti. Perché sceglierlo ancora?* (prefaz. di Franco Giulio Brambilla)

39. Fulvio De Giorgi, *Il brutto anatroccolo. Il laicato cattolico italiano* (prefaz. di Carlo Ghidelli)
40. André Chouraqui, *Il destino d'Israele. Corrispondenza con Jules Isaac, Jacques Ellul, Jacques Maritain, Marc Chagall. Conversazioni con Paul Claudel*
41. Giacomo Morandi, *Bellezza. Luogo teologico di evangelizzazione* (prefaz. di Tomáš Špidlík)
42. Alberto Piola, *Non litigare con Darwin. Chiesa ed evoluzionismo* (prefaz. di Piero Coda)
43. Cesare Paradiso - Pietro M. Fragnelli, *Giuseppe Dossetti. Sentinella e discepolo* (prefaz. di Cosimo Damiano Fonseca)
44. Giusti Simone - Marani Germano, *Solo l'amore salva. Un percorso di evangelizzazione*
45. Giuseppe Alcamo, *Associazioni e Movimenti ecclesiali. Formazione, catechesi e dinamiche educative* (prefaz. di Mariano Crociata)
46. Corrado Lorefice, *Dossetti e Lercaro. La Chiesa povera e dei poveri nella prospettiva del Concilio Vaticano II* (prefaz. di Giuseppe Ruggieri)
47. Natalino Valentini, *Volti dell'anima russa. Identità culturale e spirituale del cristianesimo slavo-ortodosso* (prefaz. di Elia Citterio)
48. Edmondo Lanciarotta, *Passione e progetto. Chiesa e scuola insieme per educare* (prefaz. Gianni Ambrosio)
49. Giuseppe Alcamo (a cura di), *Il compito educativo della catechesi. Il contributo del Documento di base*
50. Fabrizio Lentini, *La primavera breve. Quando Palermo sognava una Città per l'Uomo*
51. Alfredo Luciani, *La spiritualità del lavoro. Dalla dottrina sociale una sfida per il futuro*
52. Aa.Vv. - SAE (a cura di), *«Camminare in novità di vita». In dialogo sull'etica*
53. Bruno Secondin - Guglielmo Cazzulani, *A Oriente dell'Eden. Dialoghi e mediazioni tra Vangelo e culture*
54. Maria Grazia Fida, *Educare alla pace. La via di don Milani*
55. Francesco Mattioli, *Siamo arrivati! Viaggio nell'imbarazzante mondo del rispetto*
57. Sergio Paronetto, *Tonino Bello maestro della nonviolenza. Pedagogia, politica, cittadinanza attiva e vita cristiana*
58. Vincenzo Bertolone, *La sapienza del sorriso. Il martirio di don Giuseppe Puglisi*

Don Lorenzo Milani è il protagonista di questo libro: il celebre sacerdote fiorentino, priore di Barbiana, diventato emblema di riferimento nel dibattito italiano sulle virtù civili e sulle riforme educative.

Il filo conduttore del libro è «la pace», che viene trattata non tanto come «tema», ma come testimonianza, come qualità e dimensione del vivere umano e della pedagogia cristiana.

La «via della pace», vissuta e insegnata da don Lorenzo, è l'autentica chiave di interpretazione della molteplice attività educativa – intrecciata da «gesti» eloquenti e da «parole» scolpite dalla pietra – che egli ha svolto nel suo ministero sacerdotale e attraverso i suoi scritti, ampiamente riportati nel testo.

Gli insegnamenti, gli stimoli e le proposte educative che emergono da questo studio risultano essere di viva attualità anche per far fronte all'«emergenza educativa» del nostro tempo.

Paoline
EDITORIALE LIBRI

È possibile avere Dio per amico?

Possibile vivere questa amicizia nel cuore del mondo, nelle maglie intricate e complesse della storia, nelle vicende di una quotidianità non sempre facile?

La risposta positiva di Cataldo Naro è senza esitazione, perché lui stesso ha goduto di questa amicizia con Dio fino a *saperne* il mistero.

Se n'è innamorato, si è lasciato prendere da questo innamoramento, che conduce alla condivisione, alla identificazione con Dio e l'ha proposto a ogni categoria di persone. Senza sconti…

Dora Castenetto

Paoline
EDITORIALE LIBRI

Stampa: Àncora Arti Grafiche - Milano - 2012